競輪という世界

轡田隆史　堤 哲
藤原勇彦　小堀隆司

文春新書

1289

競輪という世界◎目次

はじめに

「競輪」から巣立った「ＫＥＩＲＩＮ」すなわち「ケイリン」は、オリンピック種目にもなって、もうとっくに国際語として世界に雄飛している。

それなのに本家本元の日本で、「競輪」そのものについての理解がイマイチとは、まことに不思議な現象ではないか。

かつては、太平洋戦争敗北の傷痕からの復興に貢献したというのに、ずいぶんツレナイ仕打ちではあるまいか。

これはどうしたわけだろう？　歴史をさかのぼって愚考するに、かつて清廉をムネとする「美濃部亮吉・革新都政」時代に「競輪」が嫌われて、東京の後楽園競輪場が廃止されたりした。そんな時代の経験がトラウマになっているせいかもしれない。

外れ車券が風に舞い、モツ煮込みのニオイが流れ、安ショウチュウの酔っぱらいが横行し、しばしば騒ぎにもなった終戦直後的な風景の幻に、そのころを知らない世代の人びとまで、とらわれているせいかもしれない。

しかし、現実の「競輪」は、それこそ革命的に生まれかわっているのである。とてもオシャレになったのである。

たとえば、昔は興味本位の目にさらされた「女子競輪」が、いまや「ガールズケイリン」と呼ばれて、社会的に大いに元気になっている、昨今の女性の象徴的な存在にまで成長した。

組織のトップに女性が就任（2011年に退任）したし、厳格な選手養成機関も完備して、スター性豊かな男子・女子選手も生まれ、マンガや映画の世界にも広がっているのである。

もちろん大先輩の競馬は素敵だけれど、馬と違って、自転車という無機物の道具を、人体と精神と技術が使いこなす「競輪」は、ニンゲンそのものの魅力にあふれている。

色彩鮮やかな選手の姿が、輝く銀輪とともに風を切って疾走する、躍動感とスリル。

「ジャン」という鐘の音とともに、最後のスパートにかかる、肉体と精神の爆発的な高揚。人生というものの、象徴的、集約的な発露の劇場ともいえる「競輪」！　そうだ、地球も自転車も、「自転」じゃないか！

「競輪」という「勝負ごと」から、純粋なスポーツとしての「ケイリン」が生まれ、しかも自動車は「地球温暖化」の元凶のひとつとしてにらまれ、たそがれて、世はまさに自転車の時代なのである。

さあ、そこで、「競輪」が誕生して72年になる２０２０年のいま、堤哲《つつみさとし》・元毎日新聞編集委員、藤原勇彦《ふじわらいさひこ》・元朝日新聞記者、ノンフィクション・ライター・小《こ》堀《ほり》隆司《たかし》、老ジャーナリストのぼくという、「戦後復興時代の競輪」をも知る、健全なる精神（！）の「遊び人」同志が皆さんに、「競輪」をさまざまな角度から、あらためて紹介してみようと試みることになったのです。

「競輪」にこころを開けば、戦後75年の日本の社会史の、ひとつの断面を楽しく学ぶことにもなるはずなのですから。

２０２０年11月

轡田《くつわだ》　隆史《たかふみ》

イラスト：唐仁原教久《とうじんばらのりひさ》

協力：各競輪場・関係団体
鶴ヶ城会館
（有）ハッピー・バースディ・カンパニー
神史了

第1章　競輪とはなにか

競輪というゲーム

　レースがある日、競輪場のゲートが開くと、ファンはみなバンクのある屋外を目指す。そこは競輪を楽しむための特等席で、フェンス越しに、すぐ目の前をシルバーに光る自転車が疾走していくのをよく見ることができる。選手がペダルを踏むたびに乾いた音が耳に迫り、異空間に足を踏み入れた興奮がじわじわと押し寄せてくることだろう。

「バンク」という言葉になじみの薄い読者もいるかもしれない。

　バンクとはすり鉢の形状をした競走路のことだ。競輪場によって1周の長さは違い、短いところで３３３・３メートル、長いところでは５００メートルもある。走路は直線と曲線でできていて、見た目にも美しい。自転車が高速で走っても遠心力で飛ばされないようにカーブ部分には深い傾斜がついている。その斜度は25度から36度！　レースは基本的に

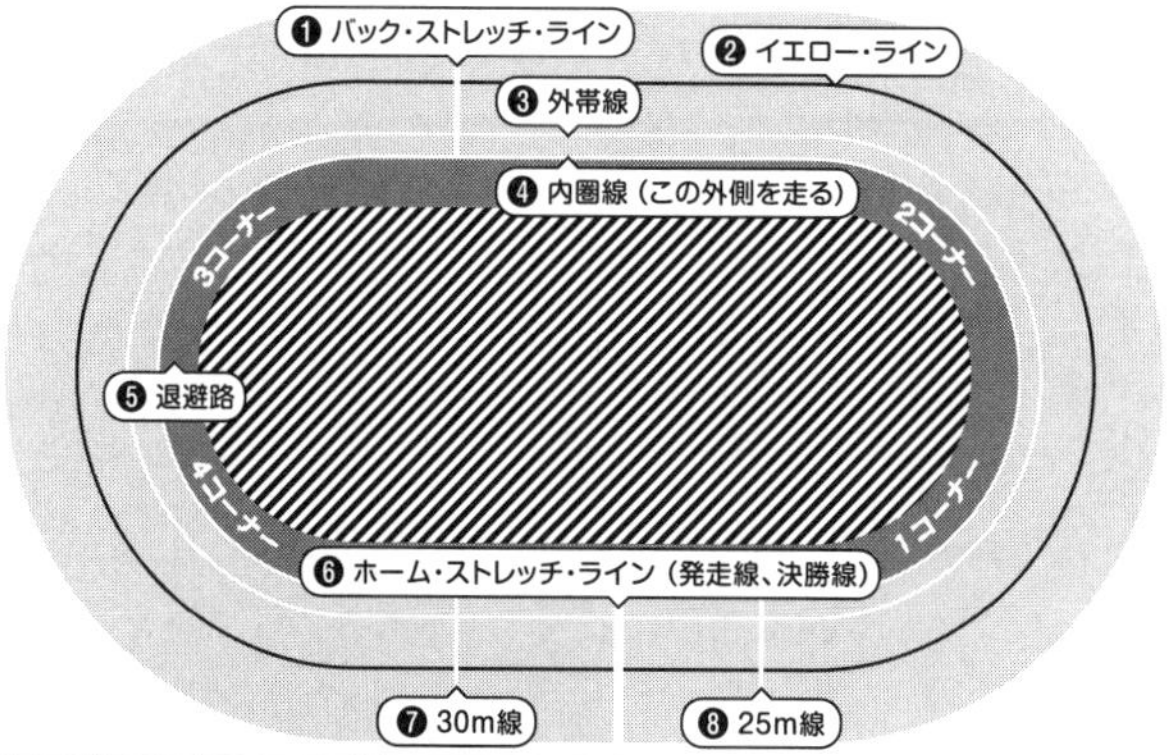

バンク（競走路）の名称

KEIRIN.JPより

9人の選手で争われる。人が立っていれば滑り落ちそうな斜面の上を、9台の自転車が風のようなスピードで通り過ぎていくのだ。

競輪ファンはなぜ、競輪というゲームに惹きつけられるのか。

その最たる理由は人間くささにあるのかもしれない。競輪は競馬、ボートレース（競艇）、オートレースと並ぶ公営ギャンブルの1つだが、人の力だけを動力にしている点で唯一無二といえる。主役は速く走るためにブレーキまでをも削ぎ落とした自転車（自転車レースの専用車を「レーサー」という）であり、それを操る選手の分厚い太腿と、レース展開を読み解き、ライバルとの駆け引きを制そうとする頭脳戦にファンは魅了されるのだ。

競輪場に行けば、きっと多くの歓声を耳にするに違いない。

車券を当てたとき、外したとき、思わず口をつく言葉はむき出しの感情そのものだ。競輪場にはヤジも飛び交うが、その言葉は厳しくも温かなものが多い。それはなにより、ファンが競輪選手のことをよく知っているからではないだろうか。

彼らが日々どれほど体を鍛え、どれだけの熱量を持ってバンクに上がっているか。選手は多くを語らずとも、鍛え上げられた肉体がそれを雄弁に物語っている。

今、日本にいる競輪選手は２３２５人（以下、特に注記のない場合、数字は２０１９年12月現在）。そのうちの１３６名が女子選手である。女性のリーグは「ガールズケイリン」と呼ばれ、１つのクラス（L級１班）があるだけだが、男子はS級とA級にわかれ、成績によってさらに細かくS級S班、S級１班、S級２班、A級１班、A級２班、A級３班と６つのクラスにわかれている。

クラス分けの基準になるのはポイント（競走得点）で、レースの着順がポイントとなり、そのつど反映されていく。７位よりも６位の選手のほうが当然ポイントが高い。そのポイントによって、次の日に出場するレースも違ってくる。少しでもいい順位で走ることが、

着順	選手名	登録地	年齢	2019年の 年間獲得賞金	2019年の 主な成績
1	佐藤慎太郎	福島	43歳	1億8873万3400円	グランプリ優勝
2	脇本雄太	福井	30歳	1億2353万4000円	日本選手権優勝
3	平原康多	埼玉	37歳	8481万6600円	年間獲得賞金上位者
4	新田祐大	福島	33歳	7489万2000円	オールスター優勝
5	清水裕友	山口	25歳	1億327万4000円	日本選手権、競輪祭 いずれも2位
5	郡司浩平	神奈川	29歳	7520万6400円	共同通信社杯優勝
7	松浦悠士	広島	29歳	1億621万4000円	競輪祭優勝
8	中川誠一郎	熊本	40歳	1億102万9000円	全日本選抜優勝 高松宮記念杯優勝
9	村上博幸	京都	40歳	8393万7400円	寛仁親王牌優勝

※年齢は2019.12.31現在

KEIRINグランプリ2019の結果

トータルの獲得賞金に影響するのである。

最高位のＳ級Ｓ班に所属するのは、わずか９名のスーパースターたち。彼らＳ級Ｓ班だけに穿《は》くことを許された真紅のレーサーパンツはすべての選手の憧れである。

２０１９年のＫＥＩＲＩＮグランプリ出場者は上の表の通り。賞金、勝率、人気など、どれをとっても圧倒的な存在である。この年は、出場選手中最年長、43歳の佐藤慎太郎（福島）が初のグランプリ覇者となり、年間獲得賞金１億８８７３万円で賞金王に輝いた。

当然ながら、トップ選手と下位の選手では稼ぐ金額に大きな差がでてくる。現在、生涯獲得賞金の歴代トップは、いまも現役の神山雄一郎（栃木・51歳）の28億５８６３万円だ。Ｓ級Ｓ班に所属する選手は１年で軽く億を超える金額を稼ぐが、逆に下位に沈む選手は多くを稼げないばかりか、引退をも余儀なくされる。毎年、男子はおよそ70名の新人選手がデビューを果たすが、その一方でＡ級３班に属する選手の下位30名は半年ごとに肩を叩かれ消えていく。年齢による引退も含めると、入ってくる選手の数とほぼ同数の選手がいなくなるシビアな世界でもある。

その一方で、技術と経験がものをいう一面もあり、選手の平均年齢は37・３歳（Ｓ級Ｓ班は36・３歳）と、プロスポーツのなかでは選手寿命が長い。最年長の現役選手はなんと60歳だ。

レース期間中は携帯禁止

競輪はバクチかスポーツか。明確に線を引くことの難しい、この２つのイメージがこれまで競輪をライトなファンから遠ざけてきた要因かもしれない。確かに競輪は公営ギャンブルの1つであるが、選手になるためには高いアスリート能力を有していなければならない。

たとえば競輪のトップ選手は、２００メートルFTT（フライングタイムトライアル）で10秒を切るタイムで駆け抜ける。単純な比較をすると、陸上の１００メートル世界記録保持者であるウサイン・ボルトよりも倍ほど速い。あのボルトが疾走する映像の2倍速をイメージしてもらえば、競輪選手が自転車を駆るスピードがいかに凄いかが伝わるだろう。

男子選手のトップスピードは時速70キロを超え、女子のトップ選手でも60キロ以上を叩き出す。さらにスピードだけでなく、勝つための位置取りや戦略が欠かせない。詰め将棋にも似た頭脳戦の一面も持ち合わせているのだ。

その一方で、彼らは賭けの対象でもあり、そういう意味ではバクチの駒であるともいえるだろう。それだけに通常のスポーツ以上に、公明正大であるためのルールが細かく定められている。それは競輪場の中だけではなく、場外の生活にも及ぶ。選手はもちろん車券を買うことはできない。レースの期間中は競輪場に併設された選手宿舎で過ごし、携帯電話など情報通信機器は預けておかなければならず、たとえ家族であっても期間中は原則連

① **斜行**　斜めに走って他の選手の進路を妨害する。

② **押圧**　相手を内側に押し込む。

KEIRIN.JPより

競輪の主な違反

③ 内側追い抜き　外帯線の内側で前を走っている選手を、内側から追い抜く。

④ 押し上げ　相手を外側に押し上げる。

選手が競走時に重大な違反行為を行い、「失格」となった場合には、着位が剥奪される。

絡を取ることはできない。便利さよりも公明さが最優先される決まりであるのだ。

競輪はよく人間ドラマと喩《たと》えられるが、強い選手が必ずしも勝つわけではない。時に番狂わせが起こり、筋書きのないドラマに場内が沸き立つ。それは競馬もボートレースも同じだが、人がペダルを踏む競輪において勝負の綾はより複雑と言える。

9車立てが基本の競輪では、9つの個性の戦略や思惑が絡み合うことで、無数の勝利の方程式が浮かび上がるのだ。

ライン——チーム戦略から個の戦いへ

誰が先行し、誰がどこで仕掛けるのか、選手は互いの腹を探りながら、それぞれが得意の戦法に持ち込もうとする。

長い距離でコンスタントに力を発揮できる選手は、持久力にものを言わせ序盤から勝負をかけてくるだろう。対して、スプリント力に長《た》けた選手は後半勝負にかけてくるはずだ。後半勝負と言っても一様ではなく、レース終盤に後方から勢いをつけて一気に追い抜いていく戦法を「捲《まく》り」といい、最後の直線で鋭く前に出る戦法を「差し」と呼ぶ。選手の脚質を見極めることが、レース展開を深く読み解く上では欠かせないのだ。

また、競輪には同じ県や同じ地方の選手が「ライン」と呼ばれる隊列を組んで連携し合う、独特の競走スタイルが存在する。これが初心者に対して予想をぐっと難しくしている。競輪選手にとっての最大の障壁は風圧と言われるが、先頭を走る選手には大きな風の抵抗が生じ、次第に脚力を奪われていく。そこでレースの序盤は先頭員（ペースメーカーや風よけの役割を果たす先頭誘導選手のこと）がつき、スタートしてしばらくは緩やかに車列が縦に並ぶ現在のスタイルが築き上げられた。

縦に並ぶ車列の中にも、競輪ではいくつかの塊が存在する。風を切ってでも前に行きたい選手の後ろに、最後の加速に賭けようとする選手が続き、３人から４人のラインが形成される。塊の先頭に立ってラインを引っ張るのは主に若手で、彼らは身を盾にしてラインを好位置に導こうとする。ある意味では、競輪はチームスポーツでもあるのだ。「ライン」とはすなわちチームとしての戦略なのである。

ラインは同じ地域の選手で構成されることが多いが、ときに競輪選手養成所の同期などで組まれる場合もあり、連携の有無でレースの展開が大きく変わることがあることも頭に入れておきたい。

いよいよ残り1周半、先頭員が隊列を離れ、ジャン（打鐘）が鳴らされる。すると、そ

① ブロック　他のラインの選手が後方から捲り上げてきたら、番手選手がブロックして止める。

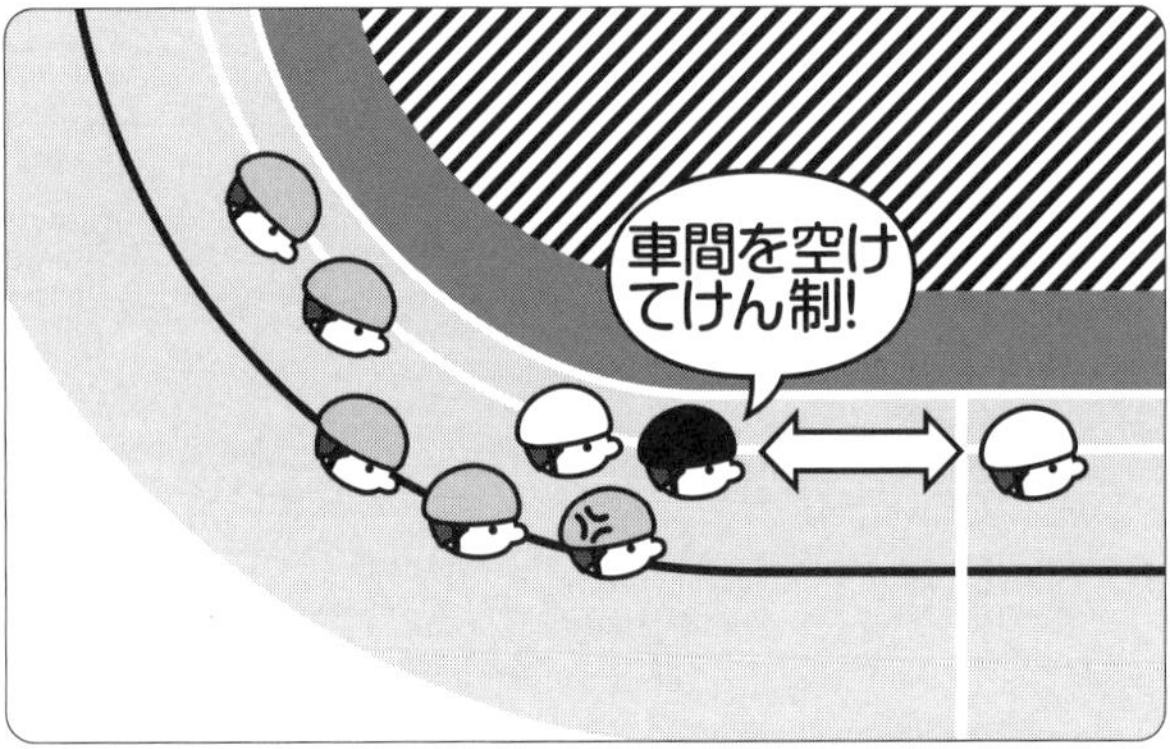

② 車間を空ける　自分のラインの先行･捲り選手との車間を空けることにより、追い上げる他のラインの選手をけん制。

KEIRIN.JPより

ラインの戦術例

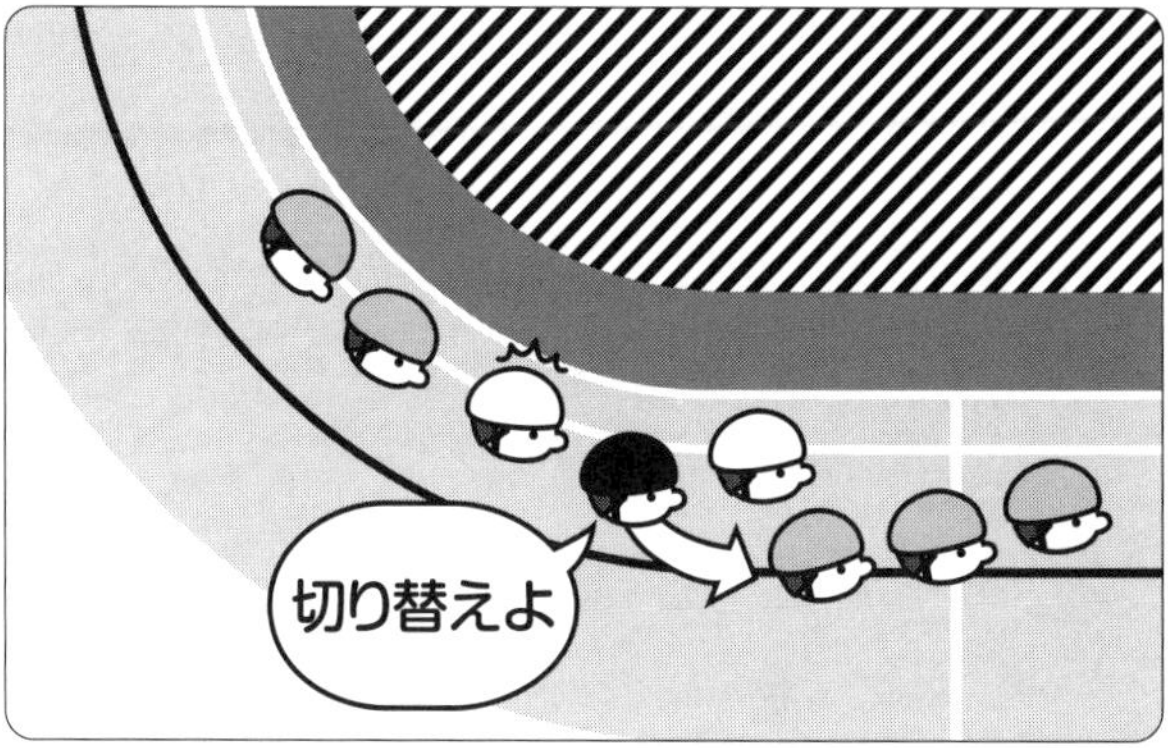

③ 切り替え　他のラインに先行、捲られた場合に、2番手以降の選手が追走する。

④ 競り　強い先行選手の後ろのポジションをめぐって、選手が位置を取り合う。激しいぶつかり合いになることも。

ラインの先頭を走るのは、先行・捲りタイプ。2番手(番手選手と呼ばれる)の動きが、他のラインとの主導権争いの鍵を握る。

れまでの駆け引きが一気に表面化し、自転車はトップスピードに乗る。格闘技さながらの迫力で、落車すれば大ケガは避けられない。さらにラストの直線に入ると、ラインはそこから「個」の闘いに移り、一人ひとりの意地とプライドが激しく火花を散らすのだ。チームとしての戦略から、一転して個と個のぶつかり合いへ。これが競輪というゲームの複雑な魅力でもある。ファンの期待を推進力に変えて、歯を食いしばってゴールを目指す選手の必死の形相《ぎょうそう》こそが、競輪の華と言えるのかもしれない。

多くのスポーツのなかでも、選手をこれほど近い場所から観戦できる競技は競輪をおいて他にないだろう。自転車が風を切る音、細いタイヤが鳴らす擦過音、耳を澄ませば歓声以外にも様々な音が聞こえてくる。

一攫千金を夢見て、ファンは車券を握りしめ、競輪選手はペダルを踏み込む。歓喜もあれば、当然のように落胆もある。それでも長く競輪文化が受け継がれてきたのは、きっと落胆をしのぐ競輪の魅力があったからである。日本発祥のこの競技が、どんな魅力で彩られているのか。知ればきっと、競輪場に出かけたくなる！

頂点は「ＫＥＩＲＩＮグランプリ」

『麻雀放浪記』などで知られる作家の阿佐田哲也が〈ポーカー、ルーレット、花札、麻雀、その他いろんなギャンブルに長年親しんできたが、そのコク、味わい、読みのどれについても競輪が群をぬいていると思う。その魅力はとても一言では言い尽くせないけれども、その最大の特徴は「推理をつみあげてゆく」面白さである〉（『競輪痛快丸かじり』徳間書店）と述べたように、競輪はもっとも知的推理を要するギャンブルと言われている。

　競輪をより楽しめるように、まずはレースのシステムについて知っておきたい。

　現在、北は函館から南は熊本まで、日本全国に43の競輪場がある。正月から年末までほぼ連日どこかの競輪場でレースが行われている。開催期間は概《おおむ》ね3日間だが、グレードが高いレースは4〜6日間、開催される。期間内はトーナメント形式で行われ、最終日の決勝レースは、連日勝ち上がってきた選手同士が競うことになる。

　レースのグレードは、ピラミッド型に「ＫＥＩＲＩＮグランプリ」（ＧＰ。以下グランプリと表記する）、ＧⅠ、ＧⅡ、ＧⅢ、ＦⅠ、ＦⅡと6つのカテゴリーに分かれている。

　もっとも下に位置するＦⅡには、上位のＳ級選手は出場せず、Ａ級の選手だけが出場する。若手の登竜門を兼ねていて、競輪選手養成所を卒業したルーキーたちもここからのスタートになる。続くFⅠは、S級戦が5レース、A級戦が6レースで組まれ、様々な選手が見られるのが特徴だ。

その上がGⅢで、ここからはS級の選手のみでレースが組まれる。より上を目指す熾烈《しれつ》な戦いが展開される。

GⅡ以上は「特別競輪」と呼ばれ、S級選手の中で賞金獲得額や成績など一定の基準を満たした選手のみが出場する。

GⅠはさらに、S級の賞金獲得額上位や成績上位のトップ選手だけが出場できる格式の高いレースになる。GⅠレースは現在、「日本選手権競輪」（通称・ダービー）、「オールスター競輪」、「朝日新聞社杯　競輪祭」（通称・競輪祭）、「高松宮記念杯競輪」、「寛仁親王牌・世界選手権記念トーナメント」、「読売新聞社杯　全日本選抜競輪」（通称・全日本選抜）の6つしかない。将棋の「名人」「竜王」などのように、GⅠの勝者がタイトルホルダーとなる。

その中で頂点に位置づけられるのが「KEIRINグランプリ」だ。賞金は競輪界最高の1億円。毎年12月30日に行われるこのレースに出場できるのは、その年にもっとも活躍した9人の選手のみ。まずＧＩの優勝者が選出され、残りは年間賞金獲得額の上位から順に選ばれる。このレースを勝った選手がその年の賞金王になる可能性が極めて高く、その名誉をもかけた一発勝負でもある。

ちなみに２０２０年は、全日本選抜競輪の優勝者は清水裕友（山口）。高松宮記念杯と寛仁親王牌では脇本雄太（福井）が勝ち、松浦悠士（広島）がオールスター競輪を制した。彼らはいずれも２０１９年に続いてグランプリ出場を決めている。

毎年、グランプリの熱気は凄まじく、競馬に喩えれば有馬記念のような盛り上がりが期待される。会場の熱気を味わいたいのであれば、グランプリに足を運べば間違いないだろう。

レースをカテゴリーに分けるグレード制が、なぜ取り入れられたのか。その理由からは、競輪の歴史が垣間見えて興味深い。

かつての競輪は、特別競輪を除いて、現在のように選手の力量でレースを分ける明快な仕組みがなかった。いわば玉石混淆《ぎょくせきこんこう》でレースが組まれ、そこでは当然のように力の抜きんでた選手が勝つ。つまり、脚力の差がはっきりしているため結果が予想しやすく、ギャンブルとしての面白みに欠けたのだ。また、たまに番狂わせが起こっても、今度はそのレースは八百長だとあらぬ疑いがかけられる始末だった。

そうしたジレンマを払拭《ふっしょく》するために、出場する選手の脚力差をなるべく少なくしようと、１９８３年、脚力によるクラス分けが整えられ、その後、２００１年にグレード制が導入された。これによってレースはより競った展開が多くなり、競輪は格段に面白くなったと言われている。

車券を買うには

競輪について興味が湧いたら、今度は車券を買ってみたいと思う人もいるだろう。車券を買うにはどうすれば良いか。

車券は賭式によって種類が分かれている。まず「連勝」といって、これは２連勝ならば１、２着を、３連勝ならば１着から３着までを当てる。

次に、競馬やボートレースなどと同様に、「単式」と「複式」がある。単式は着順通り的中させなければならないのに対し、複式は順不同でも的中となる。たとえば「１―３」という車券ならば、単式は１着が「１」で２着が「３」の順でなければはずれ。複式なら

「1」と「3」が2着までに入れば的中なので、複式のほうが当たりやすい。

次に、「車番」と「枠番」がある。レースは9人で走り、「1」から「9」までの番号が振られる。これが「車番」だ。それに対し、6つの枠に分けたのが「枠番」である。たとえば「1」から「3」まではひとつの車番にひとつずつ枠番が振られるが、車番の「4」と「5」をまとめて「4枠」、「6」と「7」を「5枠」、「8」と「9」を「6枠」とする。9つに分かれている車番より、6つから選べばよい枠番のほうが当たる確率が高い。

かつては、この枠番でしか買うことができなかった。枠番2連勝単式と枠番2連勝複式の2通りしかなかったのだ。しかし、当たりやすいということは、裏を返せば配当が安いということでもあり、盛り上がりに欠けるという指摘が一方であった。

そうしたファンの意見が反映され、現在は枠番2連勝の単複式、車番2連勝の単複式、車番3連勝の単複式、拡大2連勝複式という7通りの車券が用意されている。たとえば1、2、3着を着順通りで当てる車番3連勝単式だと、組み合わせは9車立てで504通りとなり、配当は高くなる傾向にある。

初めて競輪に触れる場合には、まずは当たりやすい枠番2連勝単式、複式と、分かりやすい車番2連勝単式、複式の計4種類を覚えておくと良いだろう。

車券はインターネットでも購入が可能なので、興味があれば公益財団法人ＪＫＡの公式サイト（KEIRIN.JP）を覗いてみてほしい。

競輪場が近くにあればもちろん、生《なま》での観戦も一興である。50円か１００円（無料の所も）の入場料を払えば誰でも入場できて、売店や食事処などが充実している競輪場も多い。競輪場によっては初心者向けの買い方講座など、無料で相談できるイベントも開催されている。無料配布されている出走表には選手個々の競走得点など、予想をするための材料が細かく書かれている。ちなみに車券は、１００円という少額からの購入が可能である。

レースの出走表を見て、選手個々の調子を判断し、ラインを確認した上で展開を予想する。ひいきの競輪選手が数名頭に浮かぶようになれば、もはや立派な通《つう》と言えるだろう。

競輪文学散歩❶「ヘナチョコ」の言

「競輪文学散歩」にお誘いする前に、センエツながら自己紹介しておきたい。

まず告白するなら、ぼく（轡田）はまったくの勝負ごとオンチである。麻雀も囲碁・将棋もカードも、競馬・競輪・競艇もみんなダメで、ＯＫなのはトランプの「7並べ」（笑）のみというだらしなさである。

これまでに競輪について多くの作家などが小説・エッセイ、ルポを残してきているが、主流はカケごとに強い「プロ級」の人たちだった。

その人たちには、「賭けのできないヘナチョコは出て行け」と叱られそうだが、これまでの多くの作品をオンチが読むと、たとえ優れた作品でも、競輪用語など、日常の言葉とは違う表現が頻発されているから、わかりにくいところが多い。

しかし、時代はあらたまった。競輪においても、「ケイリン」はすでに世界スポーツであり、東京オリンピックでは、はじめて日本の舞台に登場する。

華麗にして強靱《きょうじん》な「ガールズケイリン」の発展は、「山ガール」や「刀剣女子」など

のように、女性が元気潑剌《はつらつ》として男性をリードしはじめている時代の象徴といえるだろう。居酒屋だってガールたちの姿が目立つ。

そのような流れのなかで、「競輪文学」はもはや競輪ファンだけのものであってはならず、老若男女だれでも読み、楽しめる、普遍的な文学、読み物となってゆくべきだろう。だって、風のように疾走する競輪は、たとえ賭けてなくても美しく、楽しいのだから。

というわけで1936年生まれの老ジャーナリスト、自称「酔眼耄碌《もうろく》翁」は、これまでの作品に、時代の証言として敬意を表しながら、「競輪文学の森」を楽しく懐かしく散策したいと愚考しているのである。

生意気にも、新しい「競輪文学」誕生の可能性をも探るつもりである。道に迷ったり、寄り道ばかりの散策かも知れないが。

蛇足ながらいいそえるなら、ぼくは青年時代はサッカー選手で、埼玉県立浦和高校時代に2回全国優勝したとき、県予選の決勝は大宮競輪場の芝生だった。早大時代の早慶定期戦は後楽園競輪場の芝生であった。

当時、サッカーもラグビーもほとんどは泥の上だった時代に、競輪場の芝生は貴重な存在だった。

昨今、隆盛のサッカーも、競輪場にはお世話になった。忘れられない物語である。

第2章　競輪選手という仕事

競輪選手は自営業

競輪選手の太腿を見れば、彼らが普段、いかに厳しいトレーニングを積んでいるかがよくわかるだろう。

一朝一夕では決して作れない頑強な肉体は、競輪選手には欠かせない武器だ。では、彼らはどんな生活をして、あのような肉体を維持しているのだろうか。

競輪選手のスケジュールは、出場するレースの開催日から逆算する形で決まっていく。選手には月に2回、多くて3回の出場機会が与えられている。グレードが高いレースだと4～6日間の開催となるので、それだけ拘束期間も長くなる。

仮にレースが4日間の日程で組まれていれば、前日検査からレース最終日（決勝戦）まで、5日間は競輪場に併設された選手宿舎で過ごすことになる。

つまり、オフの期間はほとんどの時間を、開催していない競輪場、通行量の少ない道路、ジムなどでのトレーニングに当て、出場期間の1週間はレースに集中する。その繰り返しで年間のスケジュールが埋まっていくというわけだ。もちろん、オフの日に休んでも良いが、完全に休日にしてしまう選手は少ないと聞く。体が資本の競輪選手。休日といえど、体作りに投資しなければ、レースで勝てるはずがないからだ。

では、レース開催中は、選手はどのように過ごしているのか。

前にも述べたように、ほとんどの競輪場には選手宿舎が併設されていて、どのクラスにいる選手もレース中はそこで寝起きを共にする。不正防止のため携帯電話など情報通信機器は持ち込み禁止。たとえ家族であっても緊急時以外には連絡は取れない。

携帯も使えず、外出すらできないのならさぞ立派な宿舎に泊まっているのかと思いきや、部屋は相部屋（大抵は4人部屋）で狭く、テレビが1台あるだけとシンプルな構造が多い。選手は慣れているから違和感はないと話すが、年に1億円以上を稼ぐ選手がよくこの環境で不平を言わないものだと妙な感心をしてしまう。

レース当日は競輪場内にある大部屋（選手控え室）に移動し、そこで思い思いの時間を過ごす。ローラー台に乗って汗を流したり、準備運動をしたり、もちろん自転車の整備も自らの手で行う。競輪場にはそこかしこにモニターがあり、そこで自身のオッズを確認することもできる。ファンの期待をプレッシャーに思うか、それともモチベーションに変えられるかで、選手の成績は大きく変わっていくと言われている。

出走を控え、気合いを入れる選手たち個々の肉体を眺めていると、それだけで圧倒される思いがする。胴回りほどもありそうな太腿や、異様に盛り上がった上腕筋、レースに勝つために極限まで体を鍛えてきたことがよくわかる。

それでもアクシデントは避けられず、１日レース場にいれば、落車などによるケガで担架に乗せられていく姿を目にする機会は少なくない。競輪場には医務室があり、ちゃんと医師も待機しているのだが、重傷の場合はすぐに専門の病院へ運ばれていく。リスクと背中合わせのハードな世界なのだ。

選手には月２回か３回の出場機会があると述べたが、出場期間に３～４レースに出走するので年間では90回程度の出走のチャンスを持っている。サラリーマンで言う固定給に当たるのが、出走すればもらえる出場手当で、これは全グレードで共通して１出走２万６０

００円と決まっている（２０１９年度）。それに加えて成績に応じた賞金があり、日当や各種手当などももらえる。プロとしての在籍年数の平均は20年以上と、選手寿命が長いことも考え合わせると、プロスポーツ選手の稼ぎとしては、他の競技よりも恵まれているといえるだろう。

プロへの道

ここでは、選手になるための方法について探ってみたい。

現在の唯一の手段は、競輪選手の養成機関である日本競輪選手養成所に入所することで、特別選抜試験か一般試験のいずれかに合格しなければならない。

特別選抜試験は主に、オリンピックや世界選手権といった世界規模の大会で優秀な成績を収めるなど、スポーツ競技において特筆すべき実績を挙げたと認められた者のみが対象となる。２０１９年度は、平昌冬季オリンピックのフリースタイルスキー男子モーグルで銅メダルを獲得した原大智（宮城）が、この試験を経て入所したことで話題となった。

ちなみに原より前にこの枠で入所した者は7人しかいない。スピードスケートからの転身が多く、長野五輪ショートトラック男子５００メートル銅メダリストの植松仁（岐阜。

引退）や、ソルトレークシティ五輪スピードスケート男子５００メートルで８位に入賞した武田豊樹（茨城）、２００５年の世界オールラウンドスピードスケート選手権大会男子５００メートルで１位の牛山貴広（茨城）がいる。なかでも清水宏保と同学年だった武田は、ＧⅠの優勝７回、２０１４年にはグランプリを制し賞金王を獲得するなど大活躍している。このほかで特別選抜の対象となったのは、世界自転車競技センターにおける訓練受講者（大森慶一〔北海道〕、永井清史《きよふみ》〔岐阜〕、北津留《きたつる》翼〔福岡〕、柴崎淳〔三重〕）の４人のみ。非常に狭き門であることがわかるだろう。

競輪選手の大多数は、一般試験を経て入所している。この試験にも２種類があり、自転車競技経験者は主に技能試験を、未経験者は適性試験を受ける。

１次試験では基礎体力や自転車での脚力が審査され、２次試験で身体検査や人物考査が実施される。技能試験は、男子は１０００メートル、女子は５００メートルのタイムで行われる。１次試験の倍率はおおむね３倍を上回る（女子はやや倍率が低い）。受験者の中にインターハイや国体の自転車競技の入賞者やスポーツ自慢が数多く含まれることを考慮すれば、こちらも狭き門であることに変わりはない。合格できるのは、毎年男子が70人、女子が20人ほどである。

このように厳しい試験が設けられているのは、競輪が時に命懸けの競技であるからだ。レース中、少しでもバランスを崩せば落車の危険があり、生身の体を激しく損傷することもあり得る。競技が公営ギャンブルの賭けの対象である以上、人間性も同時に厳しく審査される。

競輪選手養成所

養成所での生活

難関をくぐり抜け、晴れて合格すると、5月上旬から翌年3月までのおよそ10ヵ月にわたって、今度は厳しい訓練が待ち受けている。

競輪選手養成所で選手候補生たちはどんな生活を送っているのか。実際に訪ねてみた。

最寄り駅から車で15分以上を要する、伊豆半島のど真ん中に養成所の建物はある。

四方を木々に囲まれた空気のきれいな場所で、高台にあるため、天気の良い日はここから富士山を望むことが

登坂走路

できる。

およそ16万５０００平方メートルの広大な敷地には、屋外に４００メートルと３３３メートルの２つのバンクがあり、屋内には２５０メートルの木製バンクがある。隣接するサイクルスポーツセンターには1周5キロのロードコースもある。何時でも利用できる屋内ローラー練習場、校舎や体育館、選手候補生たちが共に寝起きする宿舎などが併設されている。そして、１４５段もあるトレーニング階段の頂上には、物故選手を祭る宝輪観音がある。

養成所名物の登坂走路が屋外にあると聞き、そこにも足を運んでみた。周回サーキットから少し脇道に入ると、突然、目の前に見上げるほどのアスファルトの坂道が姿を現す。最大斜度が13度もあるこの坂は、近づくと一枚の壁のようにも見えるほどだ。この坂をいっせいに自転車で駆け上がっていく登坂訓練を、候補生たちは日々の練習の中でもっとも辛いメニューだという。直線２８０メートルの最後80メートルが13度の上り坂で、登坂王決定戦も行われていたそうだ。ただ、現在は２０１９年の豪雨で崩れてしまい、使用できない状態となっている。

日本競輪選手養成所の前身は「日本競輪学校」。始まりは１９５０年９月、東京・調布市の京王閣競輪場近くに設置された日本サイクリストセンターである。まず登録選手男子５６７４人、女子６０５人を順次入校させた。訓練生は男子４６１０人、女子５２１人にのぼった。当時の技能試験の基準は、１０００メートルが男子１分35秒、女子１分50秒以内。現在と比べると、ハードルが低かったことがわかる。

第１期生１３５人が誕生したのは１９５１年８月。入所期間は１カ月だった。55年、日本競輪学校と名称を変え、初代校長に、東京巨人軍の初代代表や日本職業野球連盟の初代理事長などを歴任した市岡忠男が就任する。同時に入所期間は２カ月となり、68年に修善寺に移転してから８カ月に延び、73年以降は１年（実質10カ月）となった。

そして令和に元号が移ると同時に、日本競輪学校から、現在の日本競輪選手養成所に名称を変更。生活のルールなどもその時、細かく見直された。

候補生の朝は早く、起床は6時半（これは変わらない伝統である）。その15分後に点呼が行われる。各自が朝の準備体操や掃除などをすませ、朝食は7時半から。全員が食堂に集まり、男女別に座る決まりがある。かつては男女間での会話も禁止されていたようだが、養成所になってから共用スペースでの会話程度は認められるようになった。ただし、恋愛は変わらず御《ご》法度《はっと》で、男子と女子では寝起きするフロアも分かれている。それぞれが使用できる階段も別々だ。

その他、飲酒や喫煙、スマートフォンを始めとした通信可能な電子機器の構内への持ち込みも原則禁止。日曜外出時や帰省時以外は宿舎の事務室に預ける決まりである。そのため、宿舎には昔懐かしい公衆電話が5台用意されている。

授業は午前と午後の2部制で、主に午前中は学科の講義があり、午後に実科訓練が組まれていることが多い。

学科では、専門科目のほか、専門家によるメンタルトレーニング、競走のルール、自転車競技法などを受講する。興味深いのは、プロ選手になってから適切な情報発信ができるように、インタビュー形式の模擬訓練などもあることだ。国際大会への出場を想定し、海外の選手と必要なコミュニケーションが取れるように、英会話の授業も新たに導入された。

屋外にある３３３メートルの専用バンクからは、つねに候補生たちの元気の良いかけ声が聞こえてくる。室内練習場には自転車の訓練には欠かせないローラーが複数完備され、自主練習ができるトレーニングルームもある。格納庫には美しいフォルムの自転車がずらりと並んでいる。２台（トラック用のピストレーサーと、一般道路用のロードレーサー）ずつ、それぞれ候補生が持ち込んだものだ。未経験者でも、卒業する頃には分解から組み立てまでを独力で行えるようになるという。

ローラー

１日の終わり、候補生たちはさぞ厳しい練習で疲れ果てていると思いきや、食堂に集う彼らには笑顔も見られる。栄養士が作る夕食は彩りも鮮やかでメニューも豊富。売店ではアイスや菓子が売られていて、自身の小遣いで購入することもできる。

寝起きする部屋は４人部屋で、正直それほど広くはないが、なによりこの養成所は夢と希望を叶えてくれる虎の穴なのだ。心身ともに厳しく鍛えられることで、競輪選手としての技量やメンタルを身につけていく。卒業するときは二度と戻りたくないと思うそうだが、いざ選手になって時が経つと、あの頃が妙に懐かしく思い出されるという。消灯は22時ちょうど。候補生たちは日々、どんな夢を見ているのだろう。

激しい競争はすでに始まっている

一般試験を経て入所したいわゆる「適性組」が、経験者を凌駕《りょうが》する成長を見せることもあるという。実は、現在の養成所所長である滝澤正光（千葉）も自転車競技未経験の「適性組」だった。後に詳しく述べるが、中野浩一（福岡）と並ぶ競輪界のレジェンド的存在で、生涯獲得賞金17億５６４４万円は歴代４位である。才能に加えて、どこまでの練習を己に課せるかという精神力の強さが試されるのだろう。

一方、年３回行われる記録会で成績がふるわず、再評価テストを受けても基準タイムをクリアできない場合は、不合格というケースもあり得る。落第すれば再入所は認められていないから、まさに一生で一度きりのチャンスであるのだ。

学校から養成所に名称が変更され、報奨金制度が取り入れられたこと、早期卒業制度の規定が一部改正されたのも、大きな変化だという。

練習で出したタイムや学科の成績などは、誰の目にも触れる場所にある掲示板に張り出されている。同期は仲間であると同時にライバルでもあるのだ。年3回行われる記録会の成績によりヘルメットにかぶせるキャップの色が割り振られ、スピードや持久力が特に優れた者には金色の「ゴールデンキャップ」が与えられる。さらに獲得1回当たり20万円が支給されるというから、ライバルと競い合うプロ生活はすでに始まっているともいえそうだ。

ゴールデンキャップを筆頭に、キャップの色は白、黒、赤、青の順で上位成績者となる。その上位の白ヘルメットのなかでも、側面に虹色が入っている選手たちがいる。所長である滝澤が選抜した「ＴＥ」、すなわち滝澤エリートと呼ばれるチームだ。

現役時代から人並外れた練習量で知られた滝澤の教えは、「先行で結果を出せ！」、「目先のことは考えるな。将来のために、今、力をつけろ！」。

「古くさいことばかり言っていましてね」と滝澤所長は笑うが、「流した汗はお金に変わる。流さないと涙に変わる」といわれる実力の世界を体現してきた指導者の言葉には重みがある。

成績が特別優秀な者には早期卒業の道も用意されている。最短で５月に入所し、12月に卒業（通常は翌年３月）が可能。通常は10カ月のところを７カ月で卒業するのである。その後、競輪選手資格検定に合格すれば、翌１月に晴れてプロデビューとなる。しかし、その基準は厳しく、２００６年に早期卒業制度が導入されて以来、初めて早期卒業者が誕生したのは、２０１９年の年末のことだった。しかも２人同時に。

その「令和の怪物」と噂される早期卒業者の２人の横顔を、ここで紹介しておきたい。

１人目は、寺崎浩平（福井）。福井県出身の25歳で、高校、大学時代から名が知られ、国体の自転車競技ケイリンで２連覇を達成している。

養成所に入所後も、10年に及ぶ自転車競技歴で得た経験と技術を駆使し、実科訓練で１着を量産した。特筆すべきは２００メートルＦＤ（フライングダッシュ）で養成所記録を更新したことだ。それまでの最高は２００５年に高橋紀史（佐賀）が作った10秒62だったが、それを０秒29も更新する10秒33。現役のナショナルメンバーである脇本雄太や新田祐大（福島）の在籍時のタイムを遥かに上回っているのだ。

２０２０年１月にデビューするといきなり19連勝、わずか２カ月でＳ級に特別昇級し、デビューから79日でＳ級優勝という最速記録をマークしている。「捲りには自信があります。デビュー後は一気にＳ級まで駆け上がりたいです」と抱負を語っていた通り、まさに期待の逸材だ。

２人目の菊池岳仁（長野）は、長野県出身の19歳。高校時代はスピードスケートに打ち込んでいて、３年生になって自転車競技に転向、わずか５カ月でインターハイに出場を果たした。２０１９年、入所後の記録会で出した１０００メートルＴＴ（タイムトライアル）１分４秒05は、２０１９年現在、養成所の最高記録だ。また、４００メートルＦＤでも21秒88と、養成所の新記録を打ち立てている。ことに１０００メートルＴＴは20年近く誰も破ることができなかった記録だった。長い距離を逃げ切り先行で勝つことを得意とし、「お客様には持ち味である先行力を認めてもらえるように頑張りたい」と意気込む。

２人は共に学科成績も優秀で、全科目で平均以上の点数を獲得。入所直後期（５月）に菊池が、中間期（９月）には菊池と寺崎がゴールデンキャップを獲得。かつ養成所の定める所定の基準をクリアしたことで、早期卒業という重い扉をこじ開けてみせた。２人の走りに今後も注目したい。

競輪文学散歩❷　「猫」疾走す

だれでも名前は知っている近代日本文学の高峰、明治39（１９０６）年に誕生した夏目漱石の小説『吾輩は猫である』を「競輪文学」の祖としたら言いすぎか——主人公である苦沙弥先生のところに現れた寒月君は尻につぎのあたったづぼんをはいている。本人の弁解によると近頃自転車の稽古を始めて局部に比較的多くの摩擦を与へるからだ——要約して引用したが、これぞ日本文学に自転車が登場したハシリだろう。

競輪の歴史は昭和23（１９４８）年11月に小倉（現・北九州市）に始まるのだから、「競輪文学」は、それ以前には存在しないことになるが、だからといって日本人が自転車に乗った記録として、最も古い時代の文章を無視していいことにはなるまい。

明治の中頃には、横浜の外国人たちが自転車競走をしていて日本人も参加していた。ちょうどそのころの明治33（１９００）年に夏目漱石はイギリスに留学した。英国は自転車ブームが終わろうとしていたころで、労働者も買える大衆車が出現していた。ロンドンで暮らす漱石は、英文学の勉強のし過ぎで、いささかノイローゼ気味になっ

競輪文学散歩❷

た。それを知った下宿の「婆さん」は、気分転換のために自転車に乗れと勧めた。

「新しい夜明けが来た。解放の夜明けだ。自転車がそれをもたらした。若い女性は自由に乗り、真の独立を感得するのだ。肉体の健康とともに精神の健康をも獲得する！」というような文句がロンドンに出回っていた（このあたり、清水一嘉著『自転車に乗る漱石——百年前のロンドン』〈朝日選書〉に助けられて書いている）。

帰国した漱石は明治36（1903）年6月に俳句雑誌『ホトトギス』に「自転車日記」という小文を発表した。これも自転車を文学の主題にした最も早い時期の作品である。「競輪文学」への「芽ばえ」といっていいだろう。その一部を意訳すればこんな調子だ。

余はついに婆さんの命に従って自転車に乗るべく、否、落ちるべき不運にあえり。怒髪鳥打ち帽をついて猛然とハンドルを握ったままでは天晴《あっぱ》れだが、いざ鞍（注・サドル）にまたがると、ずどんと落ちる。大落五度、小落はその数を知れず、ある時は石垣にぶつかってすねをすりむき……。

などと悪戦苦闘を自虐的、戯画的に描いているが、漱石はこの自転車体験によってノイローゼから脱したのである。

「自転車日記」の3年後の作品こそ『吾輩は猫である』である！「日記」で試みた滑稽と風刺の文体を『猫』で全面的に展開し、日本近代文学に新境地をもたらした。

疾走する選手の丸い背中に、ぼくは走る猫の姿を連想するのである。

第３章　スーパースター＆レジェンド列伝

競輪界は絶えずスター選手を輩出し、ファンもまた、スター選手の活躍に歓声と拍手を送り続けてきた。

まず現在の競輪界をリードするスーパースターたちを紹介し、続いて、競輪の歴史を築いてきたレジェンドたちの軌跡をたどってみたい。

今（２０２０年）トップの座にあるのは、先にも紹介した２０１９年12月のグランプリに出場したＳ級Ｓ班に属する９人だ。

ことに注目されるのは、新型コロナウイルスの感染拡大により延期されてしまったが、東京オリンピックでもメダルが期待される新田祐大と脇本雄太である。国内の競輪でも人気・実力ともにトップクラスを維持すると同時に、権威ある国際競技のワールドカップや世界選手権などでも頂点を目指す選手たちである。

オリンピック競技の「ケイリン」と公営競技の「競輪」の違いは、後で詳しく述べるが、「ケイリン」のルーツである競輪の国でありながら、日本はまだこの競技で金メダルが取れていない。長く五輪の舞台で低迷してきたジャパンに革命をもたらしたのは、リオデジャネイロオリンピック後に日本が新たに招聘《しょうへい》したフランス人コーチのブノワ・ベトゥ（彼が行った改革は第4章で詳しく述べる）だ。ブノワの指導により、ナショナルチームに所属する選手たちは着実に力をつけ、国際大会ばかりか、本職の競輪においても格式高いグレードレースでも優勝するなど活躍。かつてはケイリンの練習に打ち込むと競輪で勝つことが難しくなると揶揄された時代もあったが、ナショナルチームのメンバーが人気、実力ともに上位を占めるようになった今では、競輪選手の中にも従来のトレーニングを見直す動きが広がってきている。それが競輪界全体のレベルを底上げし、より白熱したレースが見られるようになったのは好ましいことだ。

その代表的な存在が、新田祐大であり、脇本雄太なのだ。ブノワの元で力をつけてきた新田は、２０１８—19シーズンのＵＣＩ（国際自転車競技連合）のケイリン個人ランキングで1位に上り詰めた。世界もブノワ・ジャパンの勢いに警戒を強めつつある。

東京オリンピックで競輪選手が頂点に立てば、ケイリン種目としては初の快挙。競輪界の悲願達成と、新たなスター誕生が待たれている。

新田祐大　世界ランキングでトップに
1986年1月25日生まれ　2005年デビュー
GⅠ優勝8回　獲得賞金9億6139万円

そのニュースに競輪界が沸いた。

2019年2月、ポーランドの世界選手権で新田祐大がケイリンで銀メダルを獲得。ポイントを一気に稼ぎ、競輪界のエースが、ケイリンの世界個人ランキングでもトップに立ったのである。

「銀メダルが獲《と》れた喜びと、すごく苦しい練習で追い込んできたのに金が獲れなかった悔しさと。気持ちは正直複雑です。でも、それは次に金が獲れた時に報われると思う」

ペダルをこぎ続けて早20年以上、少年の頃に描いた夢が新田の原点だ。

競技を始めたのは早かった。小学4年生のとき、マウンテンバイクを買ってもらったのを切っ掛けに、この世界へ。中学校に自転車競技部はなかったが、故郷福島で地道に足を鍛えた。

いつかは自転車で身を立てたい。オリンピックにも出てみたい——。背を焼くような衝動に駆られ、毎日のように登り下りを繰り返したのが、背炙山《せあぶりやま》。実家からもその山容が望める、標高およそ８７０メートルの里山が少年のライバルでもあり、師匠でもあった。上りでは自転車に必要な脚力が養われ、下りでは動体視力やスピード感覚が磨かれた。自転車を上手く操るにはペダルを押すだけでなく、引く感覚を身につけなければならないと言われるが、急峻な山道でのトレーニングで新田はいつの間にかそれを会得していたのかもしれない。

白河高校では自転車部に入り、インターハイの１キロタイムトライアルで優勝するなど、才能が開花。高校チャンピオンの肩書きをひっさげ日本競輪学校に入学した。

競輪デビューは２００５年７月。プロ相手でも、自慢の脚力は十分に通用した。これまでにおよそ９００走のレースに出て、１着を取ったのは３００回を超える。２０１５年と２０１７年にはＪＫＡの最優秀選手賞にも輝いた。２０１９年は第62回「オールスター競輪」を制し、５年連続でＧＩ優勝を果たすなど、まさに競輪界を代表する選手である。

その「オールスター競輪」で勝利した直後、インタビューで「勝てたのはラインのおかげ」と話し、北日本勢でラインを組んだ先輩と後輩に感謝の言葉を述べた。圧倒的な脚力だけでなく、男気あふれる人柄もファンの支持を集める所以《ゆえん》だろう。

来たる東京オリンピックに向けて、強化が進む男子ケイリンだが、ブノワ体制のもと、競輪でもケイリンでも、しっかりと結果を残してきた。

新田にとって東京は目標であり、またリベンジの舞台でもある。初めて出場した２０１２年のロンドンオリンピックではチームスプリントで８位。世界の強豪を相手に何もさせてもらえなかった。

だからこそ、「次は勝ちたい」と新田は言葉に力を込める。東京五輪での目標は、もちろん金メダル。福島の山で脚力を鍛えた自転車小僧が、世界のテッペンに登りつめようとしている。

脇本雄太　ワールドカップで金、人気投票1位

1989年3月21日生まれ　2008年デビュー
GⅠ優勝3回　獲得賞金5億8613万円

２０１９年の競輪ファンによる人気投票第１位。この年、ファンからの支持を最も多く集め、ファン投票の上位９人で争われる「ドリームレース」を制したのが脇本雄太である。脇本は先行して逃げ切るという、風圧をものともしない潔い勝ちっぷりで名を成してきた。勝負勘といい、その脚力といい、いわゆる自転車エリートを想像するが、意外にも中学までは自転車とは無縁の生活を送ってきた。母子家庭で育ち、少年時代は虫の観察が好きな優しい子。中学時代も科学部だった。もしも自転車競技部のある高校に進学していなければ、今の姿はなかったのかもしれない。

友人に誘われ、福井県立科学技術高校で自転車競技を始めると、瞬く間にその才能が開花。国体の少年男子１キロタイムトライアルで２年連続の優勝を果たした。その時のタイムは成年の部の優勝者よりも速かった。

競輪学校には適性試験免除で入学し、在校11位の成績で卒業。２００８年のプロデビュー戦で初勝利を飾っている。だが、本人が「もともと競輪よりもケイリンで闘いたかった」と言うように、競輪のトップ選手に登りつめる一方で、オリンピック種目であるケイリンにも強い関心を抱き続けてきた。

念願叶って、初めて出場したのが前回のリオデジャネイロ五輪。ここで脇本は「これまでにないほどの屈辱」を味わう。ケイリン種目の１回戦で、７人中６着で敗退。強気の鼻っ柱をへし折られたのだ。

これまでの実績をすべて捨て、一から自分を見つめ直したいと考えていた脇本にとって、新たにナショナルチームのコーチに就任したブノワとの邂逅《かいこう》は、まさに絶妙のタイミングであっただろう。これまでは１日に８時間自転車に乗ってきたが、ブノワはそれを３時間に短縮。限られた時間に強度の高い練習を集中して行うことで、かえって脚力は磨かれ、メンタルも強くなった。

成果は早くも現れ、２０１７年12月のトラックワールドカップ第４戦ケイリンで、脇本は日本人として14年振り３人目の金メダルを獲得した。競輪でも、手が届きそうで届かなかったＧＩレースを18年には一気に2勝するなど、勢いに乗っている。ファン投票1位は、ファンが今、もっとも強い競輪選手として脇本を認めた証《あかし》である。

脇本と新田がダブルエースとして挑む可能性の高い東京オリンピックで、2人がともに表彰台に立つのも夢ではない。真のスーパースターになるための挑戦は、まだ始まったばかりだ。

平原康多　24時間、競輪のことだけを

1982年6月11日生まれ　2002年デビュー
ＧＩ優勝7回　獲得賞金11億9728万円

身長185センチ、体重95キロ。めぐまれた体軀は、肉体モンスターがひしめく競輪界でもひときわ目を惹く。平原康多（埼玉）は競輪界で今、もっとも強いと言われる選手の1人だ。

新田や脇本が競輪とケイリンの二足のわらじを履くのに対して、平原は競輪一筋。ナショナルチームから声が掛かっても、その姿勢を崩したことがない。

ある記者がオリンピックについて関心はないのかと聞いたところ、平原はごくマジメにこう答えたという。

「あまり興味はない。頭の中にあるのは競輪のことだけ。競輪で強くなることを考えていたら、他のことは考えられない」

物心ついたときから、自転車が身近にあった。平原の父親は元競輪選手。弟の啓多（埼玉）も競輪選手であるから、まさに競輪一家といえるだろう。

少年時代は野球にサッカー、陸上、水泳など、他のスポーツに興じていたと語るが、高校進学時に自転車を人生の伴侶に選ぶ。父は、特別目立つ選手ではなかったが、レースのない日も地道に体を鍛える姿勢が、康多のお手本となった。

自転車競技部のある埼玉県立川越工業高校に進学すると、在学中にジュニア世界選手権自転車競技大会に出場。高校トップクラスの実力をひっさげ、競輪学校に入学した。

プロデビューは２００２年８月、同じ日に初勝利も挙げている。わずか２年後にはＳ級に昇格している。２００８年からはＪＫＡが表彰するベストナインの常連に。後半の爆発的な捲りが平原のストロングポイントだ。

競輪一筋という無骨な印象を与えるが、インタビューの受け答えなど、スマートな応対と誠実な態度にファンの支持も厚い。昨今はナショナルメンバーの台頭が著《いちじる》しいが、「競輪のことを24時間考え続けている」という平原。歴代のレジェンドたちが畏敬の念を込めて呼ばれてきた「競輪王」の称号だけは譲れないと考えているに違いない。

これまでにＧＩレースを7度制してきたが、まだ年末の「ＫＥＩＲＩＮグランプリ」には勝てていない。賞金1億円をかけた、ファンの注目度がもっとも高いレースだけに、ここで勝ちたい思いは人一倍強いだろう。過剰なリップサービスはしなくともグランプリに賭ける熱量の高さは、大きな背中からひしひしと伝わってくる。

37歳という年齢も、体力以上に技術や経験がものを言う競輪界ではネックにならない。競輪の醍醐味が詰まったゴール直前での、平原を中心とした差し合いに、ぜひ注目してもらいたい。

レジェンドになった選手たち

ここまで現役のスターたちを紹介してきたが、競輪の歴史には、時代を築いてきたレジェンドたちがあまた存在する。

背負っているのは車券という名の期待と信頼――。競輪選手は誰しも、自らの名誉とプライドとともに、絶対にレースに勝たなければならない理由をもつ。ファンの賭けを追い風にするか、向かい風にするかは努力と負けん気、勝負師としての読み次第。自分に克ち、勝負に勝って賞金を獲得しなければ、強制代謝もあり得るシビアな世界である。

70年あまりの競輪の歴史において偉業を成し遂げ、競輪界の伝説となった選手たちを振り返ろう。

中野浩一　前人未到の世界選10連覇
1955年11月14日生まれ　1975年デビュー、1992年引退
GP優勝1回　GⅠ優勝12回　賞金王6回　獲得賞金13億2764万円

ミスター競輪。そう言われて名前が浮かぶのは、この人しかいない。
中野浩一。紛れもない競輪界のレジェンドだ。
その功績をひと言で言えば、競輪をよりメジャーなものにしたことだろう。大舞台にとにかく強く、日本のみならず世界を相手に無双を誇った。１９７７年からの世界選手権（世界選）10連覇の偉業は誰もが知るところだろうが、本業の競輪でも数々の記録を残してきた。

世界での活躍については次の第4章「ケイリン、世界に羽ばたく」に譲るとして、ここでは競輪界に残したいくつものエピソードを通して、その並外れた才能について紹介しよう。

中野は１９５５年、福岡県久留米市で誕生した。父・光仁と母・笑子はともに競輪選手だった。といっても、幼少の頃は自転車にそれほど興味はなく、高校時代は陸上競技（リレー）に明け暮れていた。ところが太腿の肉離れを起こしてしまい、断念せざるを得なくなった。この先について父に相談したところ、「自転車に乗ってみたらどうや」と勧められた。後の競輪王は、あのケガがなければ誕生していなかったのかもしれない。

競輪選手としてのデビューは、１９７５年のこと。赤ヘル軍団の広島東洋カープが初めてリーグ優勝を果たし、田部井淳子が女性として初めてエベレスト登頂を成し遂げた年である。

デビュー戦で勝利を飾ると、いきなり18連勝。1977年には早くも賞金王になる。同じ年には、世界選手権で日本人初の優勝を果たした。21歳だった。若くして日本と世界の両方でチャンピオンの座についたのである。もちろん、他の選手が弱かったわけではない。中野が強すぎたのだ。最も得意としたレーススタイルは「捲り」。レースの中盤までは隊列の中ほどを走り、終盤から猛ダッシュで先頭に出てそのままゴールに駆け込むという戦法だ。

　中野は自らのレーススタイルについて、次のように語っている。

〈競輪競技の本質は、陸上競技に置き替えるなら、中距離競走と短距離競走の両方の要素があるだろう。一定レベル以上のスピードをできるだけ長く踏めるスタミナと、一瞬、とてつもないスピードを出せるスプリントが必要となってくる。（中略）

私の場合は、はっきりスプリンタータイプだったから、その特徴を競輪にどう生かしていくかであった。つまりレースを作って短距離競走に持ち込めれば勝つ確率が高くなるという競走をした。

（中略）ゴールの位置は決まっているから、私はそこから逆算して、どのあたりを走っているときは何番手くらいという計算をしていた〉（『中野浩一の競輪へ行こう。』ゴマブック

ス）

ずば抜けたダッシュ力を客観的に分析し、戦略を立てていたのである。彼が苦手としていた持久戦を得意とする選手もいたが、「浩一ダッシュ」と呼ばれた捲りは強烈で、よほど最終周までに引き離さない限り、他の選手に勝ち目はなかった。

その強すぎる中野に対抗しようと、東京と千葉という異なる地区に属する実力者が互いに協力。いわゆる「フラワーライン」（房総半島のフラワーラインで合同練習をしたことからその名がついた）が形成されるようになる。競輪の予想で難しいのは、このラインを読み解くことだといわれるが、現在のレーススタイルは中野の登場で生まれたともいえる。

だが、王者中野の牙城はそれでも揺るがず、世界選手権4連覇を果たした１９８０年、ついに年間の獲得賞金が1億円を突破した。

当時、「プロスポーツ界初の1億円」と新聞に載り、巨人の王貞治より年収が多いことで話題になったが、これこそが中野の望んだことだった。競輪は単なるギャンブルではなく、世界で賞賛されるスポーツでもある、と。中野は世間にそう訴えたかったのだ。ちなみに当時の中野の太腿は60センチで、これは王貞治の一本足打法を支えた左足の太腿とほぼ同じであった。

また、1985年に開催された第1回「KEIRINグランプリ」で初代チャンピオンに輝いたのも中野である。当時は今よりもタイトルの数自体が少なかったが、こうした大舞台にめっぽう強かった。

生涯で666勝を挙げ、9着（ビリ）になったのは4回だけ。全てのレースに手を抜くことがなかった。ファン投票で1位を独占し続けたのも、ファンがそのことをよく知っていたからだろう。

大スターの幕引きは、突然だった。

1992年に36歳の年齢で引退。実働は17年。最後の特別競輪で2位に入りながら、引き際の美学を貫いた。力の衰えは本人だけが感じていたのかもしれない。

引退の真相を、中野は後にこう語っている。

〈僕は競輪選手を職業として、もちろんプロとして収入を得るためにやってたわけだけど、なんとかステータスを上げたいという気持ちもあって頑張れたと思うんだよね。でもどこかで線を引かなきゃいけない。（中略）結局、最後はびわこ（高松宮杯）で2着だったんだけど、レースの中身は納得できたし、逆に完璧じゃない所が僕らしくていいかなと（笑）〉

（『ぺだる』vol・8、JKA）

競輪をメジャーにした。自転車競技の魅力を知ってもらえた。その自負に、胸を張っての引退だった。

賞金王6回の偉業は、いまだ破られていない。

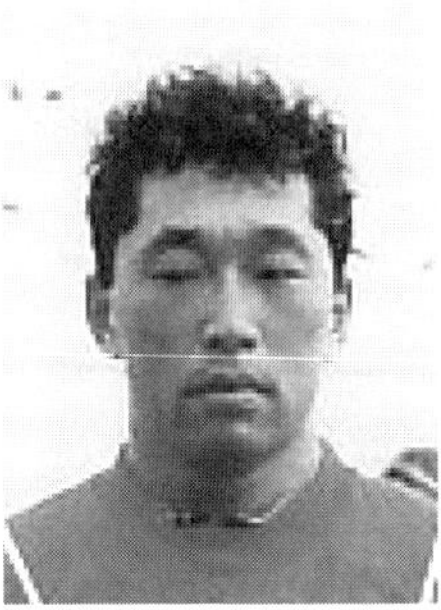

滝澤正光　先行で勝ちまくった「怪物」
1960年3月21日生まれ　1979年デビュー、2008年引退
GP優勝2回　GI優勝12回　賞金王4回　獲得賞金17億5644万円

「人間機関車」に「馬」。そして「怪物」。

およそ人間離れしたニックネームがつくほど、全盛期の滝澤正光の強さは際立っていた。

1987年、プロ野球の落合博満を抜いて、プロスポーツ界最高年収の1億4000万円を稼いだことは語り草だ。その年、滝澤は年間勝率80パーセント、出場13場所連続優勝を飾っている。まさに選手から恐れられる選手だった。

滝澤がデビューした１９７９年当時は、中野浩一が無類の強さを発揮していた時代だ。そのため、しばらくは王者の壁に跳ね返され続けていたが、日本一の先行選手を目指すことで道が拓ける。

中野に後ろにつかれると勝機がなくなるのであれば、つかれないくらい逃げてやる――。ジャンが鳴った時点ですでに先行し、そのままゴールまで押し切る。競輪は風圧との戦いと言われるが、風を正面から受けきってそれでも勝つのは、並外れた馬力がなければできない離れ業だった。

現在所長を務める競輪選手養成所での「先行で結果を出せ」という教えは、ここから来ている。

その強さとともに語り継がれているのは、己に課した練習の激しさだ。

高校まではバレーボールに打ち込んでいて、自転車は素人同然だった。そのため未経験者として適性試験を受け、競輪学校に入学する。

経験のなさを努力で埋めるため、誰よりも長い時間、自転車にまたがり続けた。卒業後もその習慣は変わらず、競輪好きの父親と親子鷹で技術を磨いた。まだ空も暗い早朝３時、出勤前の父親がバイクで先導して、ロードを走っていたのは有名な話だ。午前と午後にも練習の時間を設け、1日の練習走行距離が200キロに及ぶこともしばしばだった。

滝澤自身「いつも自分より練習している選手はいないと思っていた。そう思って先行しなければ、逃げたときに不安がよぎるから」と当時の心境を打ち明けている。

勝ち取った4度の賞金王は、まさしく練習の賜物であっただろう。

不思議なことに、滝澤は勝ちまくってなおライバルたちに妬まれる選手ではなかった。謙虚な性格と人柄で、現役時代から「先生」と呼ばれ、仲間や後輩たちに慕われていたという。

その滝澤が今、競輪選手養成所の所長を務めているのはめぐり合わせの妙であろう。人格者であり、苦労人。そして誰よりも努力することの大切さを知っているレジェンドがどんな選手を育てるのか。滝澤伝説の第2幕が進行中だ。

個性がぶつかり合った最高のライバル

吉岡稔真　1970年6月15日生まれ　1990年デビュー、2007年引退　GP優勝2回　GⅠ優勝11回　賞金王3回　獲得賞金16億8866万円

神山雄一郎　1968年4月7日生まれ　1988年デビュー　GⅠ優勝17回　賞金王5回　獲得賞金28億5863万円

中野が去り、滝澤の勢いに陰りが見え始めた頃、2つの才能が台頭した。時代は90年代

初頭、まず閃光のごとく現れたのが、吉岡稔真《としまさ》（福岡）である。

滝澤の「機関車」に対して、吉岡についた異名は「Ｆ１先行」。文字通り、Ｆ１並のトップスピードが持ち味で、先行、大逃げのスタイルで一時代を築いた。往年のファンは、「吉岡はとにかく速かった」と口を揃える。

高校時代には自転車はおろか他のスポーツもやっていなかったというから驚くばかりだ。進路を決めかねていた高校３年の夏、脳裏をよぎったのが以前知人に連れられて行った小倉の競輪祭で見た中野浩一の姿だった。〈中野の稼ぎっぷりを聞かされて「こんな世界もあるのか」〉（『月刊競輪』１９９１年３月号、日本自転車振興会）と印象に残っていたのだ。

一生の仕事にしようと決めてからの迷いはなかった。師匠である森山慎雄（福岡）のコーチのもと、７～８時間の睡眠時間以外は自転車から片時も離れないという過酷なトレーニングを自らに課し、わずか３カ月後には競輪学校の狭き門を突破した。

１９９０年にプロデビューを果たすと、その２年後に史上最速で「ダービー（日本選手権競輪）」に優勝し、続けて「競輪祭（朝日新聞社杯　競輪祭）」を制し、「ＫＥＩＲＩＮグランプリ」をも制覇した。同年、早くも賞金王を獲得するなど、出世もまた早かった。生来の負けん気や探求心に努力が後押しして、才能が開花していったのだ。

その吉岡に、ライバルとして立ち塞がったのが神山雄一郎である。

２人のキャリアは対照的だ。吉岡が自転車の素人だったのに対して、生家の家業が自転車店だった神山は幼少期から自転車を乗り込んできた。作新学院高校時代には国体とインターハイを制し、鳴り物入りで競輪学校に入学する。

競輪学校を首席で卒業し早くから頭角を現すと思われたが、４期後輩の吉岡に先を越され、初タイトル獲得は１９９３年のオールスター競輪まで待たなければならなかった。

しかし、もがき苦しんだ分、神山は先行も捲りも追い込みもすべて研究し、それらを自在に組み合わせるスタイルで活路を開く。そこから吉岡と神山の２強時代が始まったのである。90年代、２人あわせるとＧＩでの優勝は23回と、およそ５分の２を占めている。

吉岡は選手としての晩年、後方７番手からの強烈な捲りを武器に復活、２００６年に日本選手権競輪に勝利した。度重なるケガの影響もあり、実働17年で競輪界を去った吉岡に対し、神山は51歳でいまだ現役だ。ＧＩ勝利数、通算獲得賞金額ともに競輪史上最多を誇っている。しかも２０２０年にはＳ級１班に復帰。50歳を超えてなお一線級で活躍するレジェンドの、集大成の走りに期待したい。

選手名	1着回数	出走回数	勝　率	デビュー
松本勝明	1341	3191	42%	1949年
吉田実	1231	3425	35.9%	1950年
古田泰久	1188	3211	37%	1949年
石田雄彦	1160	3364	34.5%	1950年
中井光雄	1016	3468	29.3%	1950年
高原永伍	941	2679	35.1%	1959年
神山雄一郎※	872	2520	34.6%	1988年
滝澤正光	787	2457	32%	1979年
小嶋敬二※	764	2161	35.4%	1994年
中野浩一	666	1236	53.9%	1975年
鈴木誠	665	3058	21.7%	1985年
井上茂徳	653	1626	40.2%	1978年
村上義弘※	628	2047	30.7%	1994年
山田裕仁	612	2110	29%	1988年
山本清治	609	1290	47.2%	1949年
吉岡稔真	586	1279	45.8%	1990年
後閑信一	551	2158	25.5%	1990年

主な競輪選手の通算勝利数（550勝以上、勝率20%以上）
※現役選手については2019年12月31日時点

名選手たちの記録

右の表に掲げたのは、競輪の歴史にその名を刻む名選手たちだ。上位には競輪創成期から活躍してきた選手たちが並ぶ。

歴代最多勝記録を持つ松本勝明（京都）はこのあと詳しく紹介するが、その松本の背中を追いかけ、最強のライバルとなったのが中井光雄（滋賀）だ。タイトル獲得数では松本を上回り、１９８９年まで40年間、現役を続けた。通算１０００勝を挙げたのは１９８５年、なんと51歳のときだった。１９５７年にはプロの競輪選手として初めて世界自転車競技選手権に出場を果たしている。２０２０年９月７日に、心不全のため他界した。古田泰久（広島）は元特攻隊員だった。競輪開催２年目の１９４９年にデビュー、１９８８年まで現役を続け「輪界の鉄人」の異名をとった。

松本、中井らに次ぐ世代として、昭和30年代の前半から台頭してきたのが、石田雄彦（和歌山―大阪）、吉田実（愛媛―香川）だ。２人でタイトルを総なめにし、１０００勝を達成したのは石田が先（史上２番目）だったが、通算勝数では吉田が上回った生涯のライバルだった。

それに続く世代が「逃げの神様」と呼ばれ、先行逃げ切りのスタイルを貫き、賞金王に２回輝いた高原永伍（神奈川）である。白鳥伸雄（千葉）、平間誠記（宮城。それぞれ賞金王１回）らとともに一時代を築いた。

そして70年代後半には「ミスター競輪」中野浩一が登場する。それに続いたのが、中野と同じ九州出身で、史上初のグランドスラム（特別競輪全制覇）を達成した井上茂徳（佐賀。GP優勝３回、賞金王２回）であり、滝澤正光だった。

80年代には、GI連続26回出場の記録を持つ鈴木誠（千葉。GP優勝１回、賞金王１回）、小橋正義（新潟。GP優勝１回、GI８勝）らがデビュー。１９８８年デビューの山田裕仁（岐阜）は神山と同期生で、GP優勝３回、賞金王２回に輝いた。山田の生涯獲得賞金19億１７８３万円は神山と後述の村上に次いで歴代３位である。

90年代デビュー組では、小嶋敬二（石川）はGI４勝。GI３勝の後閑信一（群馬─東京）は43歳でオールスターを制した。獲得賞金19億１７９６万円（歴代２位）の村上義弘（京都）は、弟の博幸（京都）も競輪選手で、兄弟あわせてGP優勝３回（義弘２、博幸１）、GI優勝10回（義弘６、博幸４）、賞金王３回（義弘２、博幸１）を獲得している。

松本勝明　不滅の大記録１３４１勝

１９２８年３月５日生まれ　１９４９年デビュー、１９８１年引退

競輪の草創期、１９４９年から30年余りにわたって活躍した松本勝明の通算勝利数は１３４１勝。不滅の大記録である。ちなみに、現役選手の記録（２０１９年現在）は、グランドスラム（GⅠ全6レース制覇）を達成した神山雄一郎の８７２勝。時代の違いを考慮に入れても大変な記録である。野球でいえば金田正一《まさいち》の４００勝、王貞治の８６８本に匹敵する数字だろう。将来的にこれを上回る勝利数はあり得ないといわれている。

松本にデビュー当時の話を聞いたことがある。

医者になろうと思って、旧制京都府立一中（現・洛北高校）から京都府立医大を受験したが、２年連続で失敗。「医者にはドイツ語が必要」と受験した東京外事専門学校（現・東京外国語大学）ドイツ語学科に合格した。入学前の４月29日の天皇誕生日。近くの漬物屋のご隠居さんに誘われて京都淀競馬場へ行ったのが、進路を変更するきっかけとなった。天皇賞は、前年のダービー馬・一番人気のミハルオーが制したが、松本の買った馬券は外れた。その時、こんな声を聞いた。「競輪の方が取りやすい。明日は横田（隆雄）と柴田（博司）で決まりだ」。

翌日、ご隠居さんと西宮競輪へ。初めて見る板張りの３００メートルのバンク。「まるでサーカスのようだった」と松本。予想通り横田―柴田が来て、５００円が６００円になって戻ってきた。同時に1着賞金８０００円、レースによっては1万２０００円と聞いて「競輪ってボロい」と思った。帰りの阪急電車で、京都に帰る競輪選手・江尻義夫（京都）と乗り合わせたのも運命を感じる。５００円を払えば学生でも誰でも選手登録できることを知った。アマチュアでの選手経験は全くないけれど、学資ぐらいは稼げるだろうとアルバイトのつもりで登録することにした。

大学入学のため上京して、早速、西銀座にあった自転車振興会連合会で選手登録をしたのが6月13日。登録番号は第５８７番。そこに各競輪場の成績表があって、優勝者の使用自転車で圧倒的に多かったのが「エベレスト号」だった。その足で本郷本富士町（現・本郷七丁目）の土屋製作所へ。ここで経営者の土屋六太郎・秀夫妻と出会う。あつらえてもらったエベレスト号は、定価1万8000円。松本の所持金は2000円。「学生さん、お金は走ってからでいいですよ」と、1銭もとらなかった。「土屋製作所の払いですか？　その年（49年）川崎で完全優勝、その賞金で返済しました。土屋さん夫妻も大層喜んでくれました」。

登録して2週間ほど経った頃、鳴尾競輪（のちの甲子園競輪）への出場通知がきた。とにかく練習しなくてはと急いで京都に帰った。だから「授業に出たのは3回か4回かな」。デビューまでの1カ月余り、毎朝5時に家を出て、京都―大阪間の国道1号線を往復したり、比叡山の峠越えをして京都―堅田《かたた》（滋賀）間を往復したりと、多いときには200キロ、少ないときでも150キロを、ひとりであるいは先輩選手たちと、ひたすら走り込んだ。10日もすると、新品のタイヤが内側の布が見えるほどに擦り減ってしまった。レーサーに乗るのも初めてだった松本。過酷な練習に耐えられたのは、「鋼鉄のようだ」といわれる意志の強さと生来の健脚を持ち合わせていたからだろう。

そして初出走。「自転車を押さえてくれた係員から『マツモト、なに震えているんだ』といわれました」。スタートラインに並んだ松本は緊張でガタガタ震えていたのである。

1949年7月26日、鳴尾競輪。「2周回ってくれればいいんだ」と係員に励まされて、〈とにかく走ったらええんや。陸上競技の千メートル競走のつもりで走ろう〉（松本勝明『千三百四十一勝のマーチ』日刊プロスポーツ新聞社）。「テッポウが鳴って、先頭で飛び出しました」。５００メートルのバンクを2周、ゴール前で2人に抜かれて3着。あと2日は4着と6着だった。

初勝利は8月5日。同じ鳴尾競輪場で開かれた第1回尼崎市営競輪初日の第2レースだった。9人出場して、先行・逃げ切り。「30メートルもぶっちぎってゴールしました」。賞金は８０００円だった。「当時の初任給が５０００～６０００円の時代。うれしかったなぁ」。

その年の2月に大阪で創刊した『スポーツニッポン』紙（1部1円50銭）に、その記録が載っている。

〈2甲千m①松本1分42秒6②坂口③肥山
単４３０、複１４０、１８０、１７０、連２５２０〉

タイムが載っているのが牧歌的だ。後に、選手が風圧を受ける先頭を避けるようになると、駆け引きが重要となり、タイムはあまり意味を持たなくなった。

〈豊橋競輪場開設記念レースに一流選手を抜かれ、出場選手の顔ぶれに馴染みが薄い〉

（同前）とあり、強豪は不在で相手に恵まれたともいえる。とはいえ４戦目で１勝。以後、１９８１年９月19日、53歳で引退レースを迎えるまで、勝ち星を重ねることになる。その圧倒的な強さのカギはどこにあったのだろう。

松本の戦法は、何といっても「先行、逃げ」だ。

身長は１６５・６センチ、体重は67・５キロ。当時（１９５０年）の日本人男子（30歳代）の平均的な体格（身長１６０・３センチ、体重55・３キロ）からいっても、それほど大柄ではないが、鋭いスタートダッシュの先行と鮮やかな逃げは、まさに競輪の花だった。

自著『千三百四十一勝のマーチ』の中で、自分の性格を「几帳面すぎる、決めたらやり通さなければ気がすまない、情にもろい」と分析し、勝負の世界では「情にもろい」点こそが弱点で、〈他人の力を利用してレースしていたのでは私の情のモロさが必ず顔を出してくることになる。だが自分で逃げの競走をしていれば勝っても負けても責任はすべて自分ひとりのものだといえます〉と語っている。なにごとにも正攻法で向き合う松本が、考え抜いて選び取った戦法が「先行、逃げ」だったのである。

デビュー戦で「とにかく走ったらええんや」と、先頭に立ってがむしゃらに走ったあの〝逃げ〟が最高の戦い方だった。

松本のハードトレーニングぶりは有名だった。旧制中学時代サッカー部にいて、足には多少自信があった。父親の勝太郎がコーチ役となった。毎朝京都の自宅から国道１号線を大阪府守口市まで往復80キロ。「月まで走った男」とスポーツ紙で紹介されたこともあった。それでも「トレーニングは８分目、２分目は本番のために残しておく」のだと。

加えて、抜群の記憶力、人一倍の探求心、強固な意志が武器となった。ライバル選手たちの情報や出場した競輪をつぶさに記憶して、理論的に整理、分析する。そのデータをもとにレースのシミュレーションをし、トレーニングのメニューを組み立てる。たとえるなら〝ノムさん（野村克也）〟の「ＩＤ野球」といったところだろうか。

その松本がライバルとしたのが、後述の山本清治（大阪）だった。第４回日本選手権（１９５１年）の決勝戦で対決し、山本は優勝、松本は８位に終わる。実力は向こうが上と認めつつも、山本を密かにライバルと定め、そのレースについてあらゆる角度から観察と研究を重ねた。以後、互角に戦うことができるようになり、自身の優勝回数も増えていったのだという。

１９８１年、松本は21歳から53歳まで32年間を過ごした選手生活にピリオドを打った。その間、「失格」は数えるほどしかなく、「落車」も10回程度だった。松本の座右の銘は

「勝明、ファンを大切にせよ」という父の言葉。失格、落車、欠場はあってはならないことと自らに課していたのだ。

山本清治　初代「ミスター競輪」

1930年9月26日生まれ　1949年デビュー、1961年引退

競輪初期に活躍したレジェンドをもう1人紹介しよう。

岸和田競輪で開催されているヤマセイ杯は、ヤマセイこと山本清治の引退50年後に創設された。

173センチ、70キロ。特別競輪の初代チャンピオンが2つある。1950年に始まった高松宮賜杯（現・高松宮記念杯）は2連覇。そして、翌51年から競輪発祥の小倉競輪場で開催された競輪祭でも、最初の勝者となった。ともに現在もGIレースとして行われている。

全国争覇競輪（現・日本選手権競輪）では、後楽園競輪場で行われた51年の第４回で優勝、全国都道府県選抜競輪では53・54年と２大会連続４０００メートルで優勝した。

12年余の選手生活で、１２９０戦６０９勝、勝率47・２％。２着は２６６回で、連対率（２着以内に入った割合）67・８％、つまり３回に２回は連勝車券に絡んでいたことになる。この数字は、プロスポーツ選手で初の１億円プレーヤーとなった中野浩一に勝率53・９％、連対率71・８％で抜かれるまでトップだった。

父の金作が郵便配達人たちの自転車修理をしていた関係で、男兄弟７人（１人は夭折）の６人全員がプロになった競輪一家である。上から春雄、金哉、ヤマセイ、義男、利光、賢一。兄の金哉は、競輪が始まった１９４８年11月第１回小倉競輪の乙規格２０００メートルで１着の記録が残っている。

ヤマセイ自身も中学時代から自転車の選手だった。「練習は人の３倍した。オヤジは練習の相手は人ではない、時計だといった。時計は絶対加減しないからだ。４００メートルのトラックを１００周、そのタイムを計った」。

熊本県立商業学校（現・熊本商業高校）卒業直前の１９４９年２月に、熊本でデビュー。

18歳だった。その年、２歳上の金哉と２人で大阪へ出た。熊本出身の先輩紫垣正春が大阪へ転籍したうえ、大阪には横田隆雄ら強豪選手がひしめいていた。

「近畿周辺に競輪場が14もあった。九州から往復に時間をかけるより有利だった」

トッププロになるのに時間はかからなかった。１年目の１９４９年には早くも１００万円を稼いだ。１００円が最高額紙幣の時代である。賞金ランキングは第10位だったが、年々順位をあげ、デビューから４年後の１９５３年度には賞金王に輝いた。獲得賞金は３５３万２１００円だった。

引退は31歳のときだった。

「走るからには１着を狙う。スタートラインに並んでその自信が持てなくなった。選手として限界に達したと自覚しました」

潔い引退だった。最後のレースとなった住之江競輪でのA級優勝戦で２着に敗れた。優勝選手に観客から罵声が浴びせられた。それを聞いてヤマセイは泣いた。ファンに感謝の涙だった。

「ヤマセイほどファンに愛された選手はそう多くない。彼の真摯《しんし》なレース態度と、決してレースを投げない責任感、闘志とがファンの共感を呼んだ」と当時の競輪専門誌が書いている。

引退後はガソリンスタンドを経営するなどしていたが、現在は社会貢献活動に全力投球している。母校、熊本商業高校に奨学資金を贈った。１９９１年から5年間、総額７５０万円にのぼる。現在住んでいる大阪府高石市には、96年から児童の就学援助資金や児童図書の購入に寄付を続けている。

競輪の選手時代から折に触れて記した「ヤマセイ日記」を見せてもらった。
・自分の仕事にプロであれ。「その道のプロになるには、人が遊んだり寝ている間も寸暇を惜しんで努力しなければ達成できない」
・努力は必ず実を結ぶ
・努力に勝る天才なし
ヤマセイ美学は健在である。

競輪文学散歩❸　速度の表現

十数年前の立川競輪場で、私の懐には一円の銭も残っていなかった。借金をどうしたらいいのか、希望も何もない。

美しい夕日を見つめていると、「どうしたんだ、さあ次の戦いに行こう」と声をかけてきたのはギャンブルの神様・阿佐田哲也こと色川武大さんだった。

「友だちが麻雀を始めているはずだ」「次の戦いといったって、私は一円もない」

すると色川さんは大きな目で私をにらみ、「こっちも同じだ。君、最初の半荘《はんちゃん》に負けなきゃいいんだ」。

これは伊集院静のエッセイのある一節のあらましだ。競輪で「一文無し」になった者どうしで、麻雀の最初の一番に「負けない」という戦いに「再起」を賭けるのだ。

1989年に死去した色川と、ずっと後輩ながらともに直木賞作家である伊集院は、どちらも、純粋な人間への熱い想いをたたえた作風で知られている。

ともに「競輪文学」の王道にいる作家である。ずっと若いが色川を継ぐ「希少種」的存在の伊集院は、随筆集『夢は枯野を——競輪躁鬱旅行』（講談社）を出している。

冬の夕闇に包まれた無人の小倉競輪場にたたずんで、〈強い者が勝つとは限らない（中略）だから競輪は面白い〉、と想ったりする叙情とこころ優しさの魅力！　ときに発する厳しい苦言は、競輪を愛するがゆえだ。

さて「競輪文学散歩」は、当然ながら「マンガの森」にも歩を進める。

石渡治の『Ｏｄｄｓ―オッズ―』（小学館）は、懇切に競輪の仕組みを解説しながら、交通事故で意識不明のままの父を養うために競輪選手を目指す若者の奮闘を描く。

一方、田中誠の『ギャンブルレーサー』（講談社）は、カネのことばかり考えている中年レーサーが主人公、といった具合に「競輪マンガ」は多彩である。しかもあのスピード感を文章で表現するのは至難のわざだけれど、マンガはそれを楽々と越えてゆく。私事ながら筆者の長女・千重はイギリスでマンガ家として制作・評論に従事している。マンガは視点や角度などを自在に変えて「速度」の表現に富んでいるそうだ。

そこでぼくは愚考する。油絵で「速度」の表現に挑戦した、イギリス19世紀の大画家ターナーの傑作『雨、蒸気、速度』という作品は「競輪マンガ」の祖なのだ！

第4章　ケイリン、世界に羽ばたく

漢字の「競輪」は公営競技（いわゆるギャンブル）、片仮名の「ケイリン」はスポーツとしての自転車競技を指す。ケイリンは競輪をもとに生まれた日本発の競技といえる。ちなみに、「ケイリン」は日本語表記で、国際競技では「ＫＥＩＲＩＮ」である。

世界での自転車競技の歴史は古い。オリンピックでは１８９６年の第1回アテネ大会から行われていた。第1回から途切れずに続いている競技は、自転車、陸上、競泳、体操、フェンシングだから、老舗《しにせ》中の老舗といっていいだろう。

そのアテネ五輪から4年後の１９００年に国際自転車競技連合（ＵＣＩ）が結成された。設立総会に参加したのはフランス、アメリカ、ベルギー、イタリア、スイスの5カ国。本部はパリに置かれ、公用語はフランス語、審判もフランス語を話せないとなれなかった。世界選手権自転車競技大会（世界選）はその年からＵＣＩの主催となった。

当時、日本の自転車競技はといえば、国際大会には、１９３６年からアマチュア選手

（参加資格は、アマチュアに限られていた）が出場してはいたものの、メダルには届かないレベルだったようだ。

スプリントとケイリン

では、自転車競技のなかで、「ケイリン」とはどういう特徴があるのだろうか。

自転車競技というと、まず思い浮かぶのは「ツール・ド・フランス」に代表されるロードレースだろう。色とりどりのユニフォームが緑の山道やパリのシャンゼリゼ通りを駆け抜ける光景には、スピード感もさることながら華やかさがある。

そこへゆくと室内のバンクを周回するトラック競技は、少し地味かもしれない。しかし、自転車競技発祥のヨーロッパでは、ロードに負けず劣らずの人気競技である。日本国内での関心はさほど高くないのが不思議なくらいなのだ。

なかでも、ケイリンは、オリンピックや世界選などの国際大会では、今やスプリントをしのぐ程の人気種目となっている。スプリントもケイリンも、いずれも短距離競技だが、内容はかなり違う。まず、スプリントは基本的には2人、ケイリンは6人で戦う。

スプリントは1対1の勝負だ。トラック3周（通常1周は250メートル）という短距離での戦いだ。相手より前に出ると、風よけにされたり、後ろから作戦を読まれたりする。逆に相手の後ろに回ると、先行する相手のペースで走らされる可能性がある。自分と相手の脚質を考え、作戦を組み立てる頭脳戦でもある。互いを先に行かせようと、あの手この手を駆使して激しく牽制し合う。まるで静止しているような「スタンディングスティル」などのテクニックも見どころだ。ゴールから２００メートル手前の線を越える地点からが、最大の見せ場となる。勝敗は着順だから、一転あらゆる身体機能を集中させて疾走する。頭脳と瞬発力でねじ伏せる。「タイマンガチンコ勝負」と言われる所以だ。中野浩一が10連覇を遂げたのは、この競技（当時は「プロ・スクラッチ」といった）だった。

チームスプリントは１チーム３人で走る。組み合わせとチームプレイの妙が見どころだ。後述の「チームスプリント執念の銀」に詳しいのでご覧いただきたい。

６人で走るケイリンは１対５の勝負である。距離は１５００メートル。一斉にスタートするが、しばらくはペーサーと呼ばれる動力付きの自転車が先導する。先頭を走る選手が風圧で不利にならないためだ。ペーサーは、スタート時は時速30キロだが、徐々に50キロにまで上げて行く。この間、ライバルたちの戦法を読み、レースの展開をシミュレーションしつつ、好ポジションを確保するために、選手たちは激しい駆け引きを繰り広げる。ゴール前７５０メートル地点でペーサーが退避する瞬間、時速70キロのスピードが解き放たれる。ゴールめがけてせめぎ合う死闘は、１対５の駆け引きとともにケイリンの最大の見どころである。

つまり、多人数が一斉に走って速さを競う点が、ケイリンのわかりやすさであり、迫力だといえるだろう。

プロ選手にも世界への道が

さて、プロである日本の競輪選手が、国際的な舞台に挑戦できるようになったのは、１９５７年、日本自転車競技連盟（ＦＪＣ）が設立され、ＵＣＩに加盟して、世界選手権への出場資格を得てからだ。やがて「競輪」選手の中野浩一が、この世界選において「プロ・スクラッチ」（現・スプリント）で10連覇（１９７７〜１９８６年）を果たしたことで、「競輪」が一躍世界の注目を集めることになったのは、これまでも述べた通りである。

「競輪」が「男子プロ・ケイリン」として世界選の正式種目に加えられたのは、１９８０年のブザンソン大会（フランス）からだ。１９８７年のウィーン大会では本田晴美（岡山）が、日本人初の金メダリストとなった。この種目の出場資格は、１９９２年まではプロ選手に限定されていたが、ＵＣＩがプロとアマの団体を吸収、統合したため、93年以降はプロ・アマオープンとなり、人気種目となっていった。

さらに、２０００年のオリンピック・シドニー大会からは自転車競技の正式種目「ＫＥＩＲＩＮ」として採用された。日本発祥の競技がオリンピック種目に採用されるのは「柔道」以来、実に36年ぶりの出来事だった。

競輪とケイリンは別の種目？

ではケイリンにおいて、日本の競輪選手がこれまで苦戦を続けてきたのはなぜだろうか。

２０１６年にナショナルチームのコーチに就任したブノワ・ベトゥ（フランス）は「別種目と言って良いほど違う」と競技スタイルの違いを表現する。

その違いを大まかに説明すると、そもそもバンクの形状が違う。競輪はコンクリート製で長く、ケイリンは木製で２５０メートルと短い。直線距離が短いと、競輪選手が得意な捲《まく》りや追い込みといった戦法が通用しにくく、日本勢が苦戦してきた理由もその辺りにあると言われている。しかも競輪の自転車は鋼製のフレームだが、ケイリンで使用されるのは軽いカーボン。ギアの重さも自転車競技には制限がない。さらにケイリンは個人戦のため「ラインがない、牽制のための横の動きがない」など、戦術面でも大きく異なる。そうした違いをひとつひとつクリアしようとしているのが、ブノワ率いるナショナルチームなのである。

富豪と画家のつくった東西の架け橋

「競輪」から「ケイリン」へ。その国際化の流れには多くのエポックメーカーたちがいた。ここからは、しばらくその足跡を追ってみたい。

競輪の国際化のさきがけとなったのは、１９５７年の「日仏交歓プロ自転車競技大会」だった。フランスからはルイ・ジェラルダン選手（のちに仏ナショナルチームの監督。トトの愛称で知られる）を団長に６人が来日したが、この仕掛け人となったのが、バロン・サツマこと薩摩治郎八（１９０１～76）である。

治郎八は「木綿王」と呼ばれた薩摩治兵衛の孫に生まれ、１９２０年、オックスフォード大に留学、やがてパリを拠点として、ジャン・コクトーらとも親交を持ち、藤田嗣治《つぐはる》ら日本人画家たちの支援も行った。近江商人の祖父が綿糸布と貿易で稼いだ金を湯水のように使い、在欧30年間で「６００億円を蕩尽」と、村上紀史郎著『「バロン・サツマ」と呼ばれた男――薩摩治郎八とその時代』（藤原書店）にある。妻・千代は会津松平家の血を引くお姫様で、ファッション誌のモデルもつとめるほど美麗なパリ社交界のスターだった。

パリの国際大学都市にある日本館は「メゾン・ド・サツマ」と呼ばれる。建設費３５０万フランを治郎八が寄付したからだ。１９２９年に完成した鉄筋7階建て。治郎八は当時28歳だった。開館式にはフランスの大統領や首相も出席したという。

治郎八は第二次世界大戦中もパリに留まり、戦後の１９５１年にようやく日本に戻ってきた。巨大な資産はすっかり使ってしまっていたが、日仏親善団体の巴里会などにも参加し、自ら日仏の交歓のための自転車競技大会を企画したのである。

その開催に奔走したのは、大会当時、日本競輪選手会の事業担当常務理事だった加藤一《はじめ》（東京。１９２５〜２０００）である。加藤は元競輪選手で、画家でもあるというユニークな経歴の人物だった。

加藤は、東京・神田小川町で生まれ、三角乗りで自転車に親しみ、中学生になると毎日のように本郷本富士町の土屋製作所へ遊びに行った。ちなみに、この土屋製作所は、前にも述べた、１３４１勝の松本勝明が最初に飛び込んだ自転車店でもある。

加藤少年に、絵と自転車の魅力を教えたのはフランス人女性だった。同級生の母親で滋野清武男爵夫人のジャンヌである。

バロン滋野は明治時代末期に渡仏、飛行機の操縦を覚えた。第一次世界大戦では仏軍の飛行士として活躍、勲章も受けている。ジャンヌ夫人を連れて帰国するが、大正末期に早逝した。

加藤の著書『風に描く——自転車と絵画』（文藝春秋）によると、ジャンヌ夫人はパリの美術学校卒の女流画家で自転車の愛好者だった。フランス仕込みのオーソドックスなデッサンと油絵のテクニックを加藤に教え、フランスの自転車専門誌を見せて解説したという。

１９４２年、法政大学予科に入学した加藤は自転車部に入る。幻の東京五輪のために建設された大宮双輪場などで厳しい練習に明け暮れた。

学徒出陣——敗戦。復学して自転車部に戻るが、絵画への思いも断ちがたく、東京美術学校（現・東京藝術大学美術学部）図案科を受験、合格する。しかし学資が続かなかった。法大自転車部に逆戻りする。１９４７年の第２回石川国体では、１０００メートル、５０００メートル、30キロ道路競走と４０００メートル団体追抜に優勝した。翌48年の第３回福岡国体では、１万メートルに優勝。49年第４回東京国体でも、１００キロ道路競走で優勝し、その後、１９５２年のヘルシンキ五輪で、日本代表第一候補選手に決定した。

　ところが空襲に焼け残った神田小川町の自宅に30万円の課税通知が舞い込んだ。それを支払う金がなかった加藤は、１９５０年２月、川崎競輪でプロに転向する。五輪出場の夢は消えたが、〈二カ月が過ぎ、（中略）あっさり税金を収めることができた〉（『風に描く』）。

　アマチュアとプロの両方を経験した加藤は、やがてケイリン選手の地位向上のために組織づくりを始める。１９５１年、現在の一般社団法人日本競輪選手会の前身である日本プロフェッショナル・サイクリスト連合（ＪＰＣＵ）を結成。自ら編集長となってタブロイド紙『プロサイクリスト』を創刊した。

　そして、１９５７年の日仏交歓プロ自転車競技大会に際して、かねてより競輪の国際化を望んでいた加藤は、治郎八のパリ人脈を活用し、国際自転車競技連合（ＵＣＩ）に働きかけ、結成したばかりの日本自転車競技連盟（ＦＪＣ）の加盟を実現させるのである。

　これにより世界選への参加資格を得た日本は、毎年のように競輪選手を送った。しかし、世界の壁は厚かった。阿部良二（岩手）が日本人選手として初めて表彰台にあがった（銅メダル）のは、１９７５年ベルギー・リエージュ大会だった。〈アタック19回、初の日の丸〉とスポーツ紙が伝えた。その時の監督は西栄一（２０２０年死去）。慶應義塾大学を卒

伊豆ベロドロームに飾られる加藤の作品

業して、選手会に就職。競輪選手の経験はないが、『プロサイクリスト』の2代目編集長、選手会副理事長を務め、世界選手権の日本代表監督となった。「ケイリンを世界の舞台に引き上げた功労者のひとりは、西さんですよ」と中野浩一は語っている。

　中野浩一の世界選優勝として結実するまでには、20年を要した。そして中野がＶ４を達成した１９８０年、「競輪」が「ケイリン」として世界選の正式種目として採用され、加藤の念願通りに国際化へと大きく踏み出すのである。

　加藤自身は、１９５８年、パリで行われた世界選手権の日本チームの監督として渡仏し、そのままパリに残った。本格的に絵画の修業を始めるためである。寄宿先は治郎八ゆかりのパリ日本館だった。加藤はフランス画壇でエコール・ド・パリの抽象画家として知られるようになる。パリ在住だったこともあり、自転車競技の本場ヨーロッパと日本を繋ぐキーマンとしての役割も引き受けていた。

加藤の没後、日本で出版された画集『風の翼に乗って』（求龍堂）で、昌子夫人が明かしていたところによると、加藤はケイリンの国際化に３つの夢を抱いていた。

①競輪を世界選手権の種目に入れること（１９８０年実現）。
②世界選手権の優勝者を日本から出すこと（中野浩一がV10を実現、１９７７～86）。
③世界選手権を日本で開催すること（１９９０年実現）。

加藤の夢は実現したといっていい。

東京オリンピック・パラリンピックの自転車競技の会場になる「伊豆ベロドローム」（静岡県伊豆市）には、加藤の作品を展示するギャラリーが設けられている。

「世界の中野」最大のピンチ

「ケイリン」誕生には、中野浩一の存在が大きい。いや、中野浩一が競輪界にいなかったら、世界選で10連覇を達成していなかったならば、「競輪」が「ケイリン」として世界に羽ばたくことはなかったかもしれない。

前章では競輪選手としての中野について述べたが、ここでは「ケイリン」につながる世界選手権での活躍を詳しくみていこう。

１９７５年にいきなり18連勝という鮮烈なプロデビューを飾った中野は、翌76年、イタリアのレッチェで開催された世界選に初めて参戦。プロ・スクラッチで4位に入った。メダルには手が届かなかったが、ここで中野は〝世界〟を知る。欧米ではスポーツにおける自転車競技の地位が非常に高いこと、そのレーサーは尊敬の対象であり、勝者は英雄として扱われることを。

なかでもイタリアは「ジロ・デ・イタリア」「ミラノ〜サンレモ」「ジロ・ディ・ロンバルディア」など１００年ちかくの歴史をもつ大会が多く、自転車文化が人々の生活にも深く根づいており、競技選手ともなると無条件で尊敬の的なのだ。レッチェでは、4位の中野にもテレビの特別番組から声がかかるほどだった。

「3位にも入らなかった」ではなく「世界で4番目に速い」ととらえるヨーロッパ人の価値観は、中野のレーサー魂を大いに刺激したに違いない。翌77年、サンクリストバル（ベネズエラ）の世界選手権プロ・スクラッチで、それまで日本のトップレーサーが何度挑戦しても持ち帰ることができなかった金メダルを勝ち取った。この功績を受けて、日本自転車競技連盟は、国際自転車競技連合に世界選での「競輪」開催を打診し、前述のように1980年より「男子プロ・ケイリン」として正式種目に加わった。

中野のV10の最大の難関は、V6がかかった1982年イギリス大会だった。相手は「カナダの天才」といわれるシングルトン選手。決勝の1本目、ホームストレッチで接触し2人とも落車してノーカウントとなったが、再戦で包帯をぐるぐる巻きにして競技場に現れたシングルトンに、観衆は味方をした。中野には激しいブーイングが巻き起こった。

この激闘を、後に中野は、こう語っている。

〈シングルトンとの闘いは文字通り死闘だった。一本目、ゴール前で接触して転倒。木製のバンクだから全身百カ所に木片が突き刺さった。木片を抜くヒマもなく再レースで完敗。二本目は4コーナーで外側を抜こうとする私にシングルトンが右肘を引っかけてきたが、私のほうがすこしスピードが勝っていたために、ひっくり返ったのはシングルトンだった。シングルトンのほうが骨折して出走不能になり、私の六連覇が確定した〉（『中野浩一の競輪へ行こう。』）

そして中野は、世界の自転車競技界でもっとも尊敬される、いや、崇拝されると言っても過言ではない〝伝説〟となっていく。
たとえば、のちにロードレースの名スプリンターとして名を馳せたイタリアのギド・ボンテンピ。彼は１９８１年にプロへ転向し、同年にブルノ（チェコスロバキア）の世界選手権ケイリンに初参戦、２位となった。将来的にはケイリンでの世界一を狙っていたが、この大会のスクラッチで５連覇を果たした中野の走りを見て「ナカノには絶対に勝てない。ナカノが出場することのないロードレースなら優勝のチャンスはある」と翌年からはロードレースに専念し、２度とケイリンに出場することはなかった。

　１９９２年に引退した後も、テレビの解説者としてツール・ド・フランスの取材拠点であるヴィラージュ（選手や関係者の食堂兼休憩室。各国取材陣の拠点でもある）に中野が入っていくと、そこにいた全員が起立して敬意を表したという。また１９９７年のツール・ド・フランス覇者、ヤン・ウルリッヒにインタビューした際に、中野が「僕の名前を知ってる？」と尋ねると、「この世に、あなたの名前を知らない自転車競技選手がいるのですか？」と切り返されたのは有名な話だ。

　自転車の本場ヨーロッパでは、世界選手権の優勝者に贈られるジャージ、マイヨ・アルカンシエルに対する尊敬の念は大変なものだが、日本での評価は、そう高いものではない。

世界選手権で10連覇という偉業（この記録は今も破られていない）も「国民栄誉賞」でなく、「総理大臣顕彰」だった。

「ケイリン」が、初めて正式種目として採用されたシドニー五輪に招かれ、中野浩一は予選から決勝までの全てのレースのペーサー（先頭誘導員）をつとめた。最初のレースでピストに中野が登場すると、スタンドからは大歓声が上がった。１９９２年の引退以来、８年ぶりにバンクに戻った感想を聞かれて「やっぱりお客さんの前で走ると緊張する。うれしいというより、なんだか気恥ずかしいよ」と、コメントを残している。

ちなみに、中野と同時期、ともに世界で戦った競輪選手がいた。「西の中野、東の菅田」と呼ばれた菅田順和《よしかず》（宮城）である。菅田は日本大学自転車部の出身で、競輪学校では中野の１年後輩だが、年齢は２つ上だった。中野が世界に初挑戦した76年のイタリア・レッチェ大会では、中野との３位決定戦を制し、菅田が銅メダル。翌年のサンクリストバル大会では、決勝での日本人対決となり、中野が金、菅田が銀を獲得する。〈競輪日本、世界を制覇〉と新聞各紙は報じた。

現役時代、人前で涙をほとんど見せなかった中野だが、記者会見で２度泣いたことがある。最初は世界選手権10連覇達成の凱旋会見での涙、２度目は１９９２年の引退記者会見だった。

いつもの軽妙でリラックスした雰囲気はなく、神妙な面持ちで会場に現れた中野は、挨拶しようと口を開いたものの「うっ」と声を詰まらせ、10秒ほど沈黙が続いた。そして言葉を噛みしめるようにこう言った。

「世界選手権で初めて優勝したとき、集まってくれた記者さんは３、４人。今日、こんなに大勢の方（２５０名ほどいた）が来てくれるとは思わなかった」

まだ36歳。競輪選手は全盛期を過ぎて下位クラスに落ちても現役を続けるのが一般的だった。しかし、特別競輪の中でたった一つ、最後まで優勝できなかった高松宮杯競輪（現・高松宮記念杯競輪）の決勝戦での２着を最後に、中野はトップレーサーのままバンクを去った。

圧倒的な〝浩一ダッシュ〟で〝競輪〟の凄さを世界に見せつけた中野は「競輪をギャンブルではなくスポーツとしてとらえてきた」という。

「日本の競輪というシステムは世界に類を見ないものなんですね。自転車のプロの選手が三千数百人（当時）もいるというのは、世界のどこに行ってもないんです。そういった意味でも、日本の（競輪の）選手から世界選のチャンピオンやオリンピックのメダリストたちが、ぜひ出てきて欲しいです」。２０１２年のロンドン五輪を前にこう語っていた。

メダルに向けて

１９４８年に小倉で始まった競輪は、２０００年のシドニー五輪で「ケイリン」というオリンピック種目になった。公営競技とはいえ出自は〝ギャンブル〟である。まさかオリンピックの種目になるとは、一番驚いたのは日本人だっただろう。

近年の国際大会では、ケイリンの人気はますます高く、スプリントとともに「トラックレースの華」ともいわれる存在になった。競輪界は「日本で生まれた世界のスポーツ」と誇る。

にもかかわらず、五輪でのメダル獲得は、２００８年北京五輪の永井清史の銅メダルだけである。

その状況を変えたのは、前にも述べた、２０１６年にナショナルチームのコーチに就任したブノワ・ベトゥだった。

ブノワは、日本自転車競技連盟（ＪＣＦ）とＪＫＡが協力して、２０２０年東京オリンピック・パラリンピックの選手強化策の一環として迎えたコーチである。「メダル請負人」と呼ばれ、日本のヘッドコーチに就任するまでに、五輪では金メダルを含むメダル５個、最も歴史のある世界選では30個のメダルを教え子に獲得させている。リオ五輪では中国のコーチとして女子チームスプリントを金メダルに導いた実績もある。東京五輪に向けて、フランス、ロシア、中国からのオファーを断って、日本代表のコーチに就任したのだという。

ブノワは先ず、家族を連れて伊豆に移り住んだ。伊豆の修善寺には、２０１１年に造られた「伊豆ベロドローム」という、全天候型、板張り、２５０メートルの日本初の国際基準ピストがあるのだ。

そして最初にナショナルチームに指示したのは、住まいごとベロドロームのある修善寺に集結することだった。同じ環境でのトレーニングは必須の条件として、競技にかける覚悟をも迫ったのである。それぞれの地に住んでいて、国際大会直前に集まって練習をする慣例だった選手たちには、緊張が走ったことだろう。

また、競技を背負う選手たちへの収入面の補償も必要とされた。短距離種目を担うのは競輪のプロ選手たちだ。レースに出場しなければ収入が途絶えてしまう。安心してトレーニングに打ち込めるようなバックアップは欠かせなかった。オリンピックや世界選への出場は、「個人の夢と情熱」によるものだとカテゴライズしていた多くの競輪関係者も考えを転換せざるをえなかった。代表選手と競輪界は、時を移さずこれに応えた。ワンチームとなって、東京オリンピック・パラリンピックへと目標を定めたのである。

ブノワの東京五輪への思いは、更に熱くなって行く。選手が使用する自転車はほとんどが外国製であるのを見て「なぜ国産を使わないのか。東京オリンピックでは日本生まれの自転車で優勝するんだ」――オールジャパンをアピールするチャンスでもあるのだと伝え続けた。そしてメーカーを巻き込み、今や、車体は全て日本製に替わった。

その〝ブノワ改革〟の結果、このところ世界選手権大会やワールドカップなどの国際的な舞台でも、日本勢の活躍が続いている。

世界選では、お家芸のケイリンで２０１８年に河端朋之（岡山）が、２０１９年には新田祐大がそれぞれ銀メダル、直近の２０２０年でも脇本雄太がやはり銀メダルを獲得している。

トラックワールドカップでは、脇本がケイリンで２０１７、18年と連続して金。直近の

２０１９—20年のシーズン中には、スプリントで深谷知広（愛知）が銀、新田が銅、チームスプリントで雨谷一樹（栃木）、深谷、新田が金、女子ケイリンで小林優香（福岡）が銅など、数々のメダルを増産中だ。〝ケイリン・ジャパン〟は、着々と実力を付け、すでに世界のトップクラスの仲間入りを果たしている。

「世界選・不滅のV10」中野浩一・日本自転車競技連盟理事と「メダル請負人」のコーチ、ブノワ・ベトゥとの二人三脚で、ケイリン・ジャパンは金メダルを狙う。

ここからは、過去の五輪メダリストたちの足跡を追ってみよう。

アマチュア時代にメダリストとなり、その後、プロの競輪選手となったのが坂本勉（青森）だ。１９８４年のロサンゼルス五輪に出場、スプリントで銅メダル。86年にプロ入りし、ＧＰ1勝、ＧⅠ優勝2回。賞金王にも2度輝いた。

オリンピックの自転車競技にプロ選手の参加が認められることになったのは、１９９６年開催のアトランタ大会からである。

十文字貴信　競輪選手初のメダリスト

１９７５年11月10日生まれ　１９９５年デビュー、２０１９年引退

十文字貴信（茨城）は１９９５年４月８日に宇都宮競輪場で初出走。わずか８カ月でＳ級に特昇（特別昇級）を果たした。その翌年の５月、アトランタ五輪に向け、日本代表選考会を兼ねた全日本プロ選手権自転車競技大会が行われたのである。しかし、当時は、神山雄一郎（当時28歳）や吉岡稔真（当時25歳）らトップ選手が最有力候補だった。十文字本人も、まだ自分の実力が、世界レベルに通用するとは考えていなかった。

ところが１０００メートルタイムトライアルに出場した十文字は、当時の大会記録を１秒以上更新するタイムで、オリンピック出場権を獲得したのである。

だが、十文字は冷静だった。「タイム的には5位か6位は狙えるだろう」、「とりあえず自己ベストを出して帰ってきたい」と考えていたのだが、オリンピックの結果は、プロの競輪選手として初の銅メダル。気負わずに自分の走りに集中したことが功を奏したのだろう。

世間は中野浩一の世界選手権10連覇に匹敵する功績と騒然となったが、十文字は銅メダル獲得後のインタビューで「本職の競輪を辞めてまでタイムトライアルに打ち込むわけには行かない。収入がなくなっちゃうじゃないですか」と、冷静なスタンスを崩さず、その言葉通り、帰国後も特別競輪（GⅡ以上のレース）などに出場した。スプリントでオリンピックに出場した神山雄一郎との連携は「アトランタライン」と名付けられて話題を集めた。

しかし、２００１年ごろには持病の腰痛が悪化し、ヘルニアによる神経圧迫で１年にわたって自転車に乗れない状態にまで追い込まれた。さらに２０１７年、復帰後のレースでの落車による骨折が追い打ちとなり引退を決意。事前の報道もなく、２０１９年１月、ひっそりと選手登録が消除されていた。

チームスプリント執念の銀

２００４年のアテネオリンピック自転車競技の立役者といえば、なんといっても男子チームスプリントの銀メダリスト、長塚智広（茨城）、伏見俊昭（福島）、井上昌己《まさき》（長崎）であろう。

オリンピックにおけるチームスプリントは、１周２５０メートルの木製バンクを走る。横一列に並んでスタートした３人が周回中に縦になり、１周するごとに先頭の選手が抜け、最終の第３走者がゴールしたタイムで順位を競う。スピードとスタミナと作戦、そして３人のコンビネーションが勝負の鍵を握る。

第１走の長塚は当時25歳。１９９８年に取手競輪場でデビューし、初出走初勝利。取手第一高校の先輩でアトランタ五輪の銅メダリスト・十文字貴信のすすめで、２０００年シドニー五輪のナショナルチーム選考会のタイムトライアルに挑戦。代表に選出された。スプリントとチームスプリントに出場するも、目指していたメダルには届かなかった。

第２走の伏見は当時28歳、１９９５年に伊東温泉競輪場でデビュー。翌年にはトップクラスのＳ級へ昇格を果たし、２００１年には「ふるさとダービー」、「オールスター競輪」と特別競輪を次々に制覇。さらに「ＫＥＩＲＩＮグランプリ01」にも優勝してその年の賞金王に輝いた。

同時に伏見はアジア選手権や世界選手権などの国際大会へも毎年のように出場を続けた。アジア選手権では、１９９９年にオリンピックスプリントで優勝、２０００年、01年にはケイリンで２連覇を果たしている。その伏見も、五輪では苦い経験も味わった。２０００

年シドニー五輪の代表最終選考会で、コンマ差で落選したのだ。アテネは、伏見にとって夢の舞台であるとともに、雪辱の舞台でもあった。

第3走の井上は当時25歳、２００１年に佐世保競輪場で初出走初勝利。伏見と同様に、競輪のかたわら自転車競技を続け、アテネに向けてナショナルチームのメンバーに選抜された。第3走の座を永井清史（後の北京五輪ケイリンでの銅メダリスト）と争っていたが、ゲーリー・ウエスト監督（当時）の総合的判断でアテネへの切符を手にした。

アテネ五輪に挑むことになった3人は競輪を休業し、２００４年7月、アメリカのコロラド州で長期合宿を張った。マラソンランナーの高地トレーニングの合宿地としても知られた場所だ。最後はスタミナの勝負になるであろうと、欧州勢に勝つための肉体改造を図ったのである。

本大会では、予選を44秒３５５の日本新記録で突破。1回戦で強豪・オランダと対戦。長塚の1周目のラップタイム17秒５６６（参加12カ国中トップ）を、2走の伏見、3走の井上が引き継ぎ、予選でマークした日本記録をさらに更新する44秒０８１で決勝進出を果たした。

決勝戦ではドイツに惜しくも敗れたが、試合後のインタビューでは3人とも「悔いなし」と晴れやかな笑顔を見せた。

ちなみにその後、長塚は２０１１年にＧＩ優勝。伏見は２００７年にグランプリ優勝など、ＧＰ、ＧＩあわせて優勝４回。井上も２００８年のグランプリのほか、ＧＩ２回優勝と、競輪でも成果を残している。

永井清史　男子ケイリン悲願のメダル

１９８３年５月18日生まれ　２００３年デビュー

残念なことに、２０１２年のロンドン大会でも２０１６年のリオ大会でも、ケイリンで日本人選手は決勝に残ることができなかった。「女子ケイリン」も２０１２年のロンドン大会から正式種目として採用されたが、日本人選手は出場していない。

これまでのところ、唯一の五輪メダリスト、永井清史は岐阜県出身、「花の88期」と呼ばれる、日本競輪学校の第88期生だ。山崎芳仁（福島。２００５年優秀新人選手賞、06年最優秀選手賞、06～11、16年ベストナイン）、武田豊樹（２００５～12、15～18年ベストナイン、12、14年最優秀選手賞）、佐藤友和（岩手。２００７、13年ベストナイン）、渡邉一成（福島。

２０１８年ベストナイン、ロンドンオリンピック日本代表）、成田和也（福島。２０１２年優秀選手賞）といった錚々《そうそう》たる顔ぶれが並び、歴代期別の中でも屈指のエリート集団といわれている。

　そのなかでも永井は、高校時代に数々の自転車競技大会で優勝、３年生の時にはスイスの国際自転車競技連合本部付属のワールドサイクリングセンターへ留学。のちに自転車競技日本代表チームの監督を務めることになるフレデリック・マニェの指導を受け、日本競輪学校に特別選抜試験による入学を果たした「スーパーエリート」だった。

　競輪学校での成績は、周囲の期待に反して、飛び抜けたものではなかった。しかし、ホームバンク（岐阜競輪場）でのデビュー戦（２００３年）では完全優勝を果たし、いわき平競輪場の「ルーキーチャンピオンレース」も制して、「花の88期」の中でも目立ったスタートを切る。自転車競技でもワールドカップや世界選手権などに出場して健闘していた。

　２００４年のアテネ五輪への出場は叶わなかったが、２００７年にかつての恩師・マニェが日本代表チームの監督に就任すると、トラックレースの日本代表メンバーに選出され、３年ぶりに世界選手権出場を果たす。ワールドカップ、世界選手権などの国際大会ではおもにチームスプリントとスプリントで活躍し、２００８年開催の北京オリンピックでも自転車競技トラックレースに日本代表として選出された。

悲願のオリンピック出場。チームスプリントとケイリンでメダルを狙うことになった永井は、２月の東西王座戦を最後に、８月の北京五輪まで競輪を休業。自転車競技大会にのみ参戦するなど、焦点をオリンピックに絞った。

チームスプリントでは、長塚智広、渡邉一成とともに挑み、６位に終わったが、ケイリンでは、日本人選手初の決勝進出を果たし、銅メダルを獲得した。個人種目でのメダルは１９９６年アトランタオリンピックでの十文字貴信以来だ。

永井のメダル獲得の瞬間を、当時ＪＫＡの会長だった下重暁子は「北京で観戦していた私は、思わず隣にいた中野（浩一）さんと抱き合っていました」と語った。〝ケイリン〟種目でのメダルは、発祥の地・日本の悲願だったのである。

競輪文学散歩❹　「無頼」の時代

「競輪文学散歩」のなかで見逃すことができないのは、北九州市立文学館で平成21（2009）年に開催された企画展「バンクの風　小倉から始まった競輪とロマン」というユニークな催しである。

旧小倉市で競輪が始まって60周年にちなむ企画展は「競輪が始まった。ドラマが生まれた。文学になった」と高らかにうたいあげて15人の名前を列挙し、その作品をパネルなどで紹介した。

坂口安吾、富士正晴、寺内大吉、藤沢秀行（囲碁棋士）、阿佐田哲也、伊集院静、最相葉月などの皆さんである。なかでも日本文学史に最も名高いのは、やはり坂口安吾だろう。

あの戦争が敗北に終わった直後、反俗・反権威・反道徳的な言動で時代を象徴することになった作家たちを「無頼派」と呼んだ。

石川淳、織田作之助、太宰治、檀一雄と坂口安吾などである。坂口は、〈人間は生き、

人間は堕ちる。そのこと以外の中に人間を救う便利な近道はない〉という『堕落論』などで流行作家となった。

〈敗戦によって開けた戦後の現実の上を疾走した〉（『昭和文学全集12』〔小学館〕所収、秋山駿の解説）坂口が、始まったばかりの競輪の「疾走」に心ひかれたのは一つの必然だった。

昭和24（1949）年、伊東に転居、間もなく競輪にのめりこみ、「今日われ競輪す」などのエッセイを発表した。

魅力も語ったけれど、競輪に八百長あり、という糾弾に傾いてゆき、睡眠薬の多用による被害妄想説なども出たりした。

たしかにはじめのころは、観客の騒ぎがしばしば起きたし、ギャンブルの与える悪影響を心配する世論も強かった。

１９６９年に誕生した美濃部亮吉・革新派東京都知事は、東京・後楽園競輪場を廃止した。朝日新聞はそれを鋭く支持した。

その当時、朝日にいたぼくがいま「競輪文学散歩」の案内役をつとめているのは、古くからの友人、下重暁子（作家、現・日本ペンクラブ副会長）が日本自転車振興会の初の女性会長になったことによって、競輪の改革と「競輪文化」の定着を感じとったからである。

女性の社会進出が「開発途上国」なみの低さである日本では、組織のトップに女性がつくことは珍しい。

「競輪文学」の視点からいえば、作品の多くは「男性支配」のもとでの競輪を「鉄火場的」に描いてきた。女性会長の登場にぼくは「競輪文学」の夜明けを感じたのである。

第５章　競輪ことはじめ

焼け跡からの出発

競輪は敗戦の焼け跡の中から生まれたゲームである。

太平洋戦争末期、日本全国の都市が米軍機による空襲にさらされた。焼夷弾により２３３万戸が焼失破壊され、８４０万人が罹災した。一方で海外からの引揚者は終戦後１年余で４４０万人にものぼった（『競輪十年史』日本自転車振興会）。

廃墟に、人だけが溢れた。家がなかった。食べ物もなかった。生活必需品が不足しているうえに、インフレで、庶民はどん底であえいでいた。

公営ギャンブル「競輪」は、こんな世相の中で誕生した。

発案者は、国際スポーツ株式会社を共に設立したばかりの、海老沢清文（当時全国戦災者協同組合理事長）と倉茂貞助（元陸軍大尉）だった。戦後間もない１９４７（昭和22）年のことである。２人が企画したのは「報償制度併用による自転車競走」。戦前の日本は、府県対抗の競技大会が開催されるなど、自転車競技が盛んだったことから発想したらしい。

ともかく「自転車産業の復興とサイクルスポーツの振興」という大義名分を掲げ、車券付きの自転車競技を実現させるべく、衆議院議員の林大作（当時社会党の中央執行委員）を動かすなど、奔走した。

そして、１９４８年、片山哲（社会党）政権下で練られた「自転車競技法」は、次の芦田均（当時の民主党）内閣で成立した。途中、ＧＨＱ（連合国軍総司令部）の反対で一時頓《とん》挫《ざ》しかかったが、地方自治体が主催する「地方分権」を条件に、マッカーサー元帥もＯＫを出したのである。


以来、競輪は地方自治体が主催し、収益の75パーセントを払い戻し金に、残りは一旦自治体の管理下に入るという仕組みになった。ただ、全国同一のルール、配当金のシステム、選手の育成などを行う部門がなければ、競輪は成り立たない。競輪に出場する選手の登録やあっせん、売上の一部を拠出する補助事業などを行う団体として作られたのが、自転車振興会連合会（のち日本自転車振興会、現・ＪＫＡ）である。

競馬の日本中央競馬会は主催団体であり、運営、統括団体でもある。収益の一部は国庫に納められる。それに対して競輪はあくまでも主催は地方自治体だ。それは、そもそもの成り立ちと関係しているのである。ちなみに競輪・オートレースの監督官庁は経済産業省。競馬は農林水産省、ボートレースは国土交通省である。

社会党がリードした「自転車競技法」

日本で最初の競輪が開催されたのは、１９４８年の11月20日、小倉競輪場（当時の名称は三萩野競輪場。現・北九州メディアドーム）だった。「自転車競技法」が成立・施行されたのが８月だから、わずか３カ月後のことだ。

急ピッチで進められた法の整備から初開催までには、いくつもの逸話があり、その後の開催も試行錯誤の繰り返しだった。

興味深いのは、自転車競技法を提案し、成立させる牽引役となったのが時の〝与党〟社会党だったことである。

議員48人の共同提案者の中にはのちの首相・中曽根康弘の名前がある。中曽根は、前年4月の総選挙で、警視庁監察官を辞めて立候補、28歳で初当選した最年少議員（民主党）

だった。彼の回顧録によると、退職金2800円で自転車を買い、それを真っ白に塗った。「赤旗と戦う白馬ならぬ白自転車である」と胸を張った。

この総選挙で社会党が第一党となり、初めて社会党内閣が誕生した。片山哲内閣は10カ月足らずの短命で、自転車競技法案が上程されたときは民主党の芦田均内閣だったが、提案説明したのは社会党の林大作だった。

林は東京帝国大学法学部政治学科を卒業して三井物産に入った元商社マン。財閥解体と貿易国営を唱えたが、容れられずに42年に退社。その後、重要物資管理営団企画課長、交易営団総務部次長、企画部長を歴任したとある。余談ながら当時、交易営団の総裁は三井物産の先輩・石田禮助（のち国鉄総裁）だった。中曽根が代議士になった47年4月の総選挙で、林も愛知5区から立候補して当選した。林が代議士をつとめたのは1期のみで、後には自転車振興会連合会会長などに就いている。

自転車レースに「車券」をつける。すでに競馬の「勝馬投票券」はあったが、ことの発想の原点はどうやら「住宅建設くじ」にあったようだ。この章の冒頭で紹介した発案者の海老沢清文（のち南関東自転車競技会副会長）は、敗戦による大陸や南方からの引揚者に

「宝くじ」の利益で住宅を建てられないかと考えたのだ。

服部勉著『競輪誕生』（日本自転車振興会）によると、海老沢は慶大ボクシング部草創期の選手で、卒業後は満州国官史から国策会社の社員として大陸各地を歩き、東京出張中に終戦を迎えた。「私財を投げうって」引揚者援護事業にあたったという。

もうひとりの発案者、倉茂貞助（のち日本自転車振興会理事）は陸軍士官学校卒の元陸軍大尉だった。倉茂は湘南海岸に一大レジャーランドを建設して、日本を世界の観光地とする構想を抱いていた。

この2人が出会って、有楽町に「国際スポーツ株式会社」を設立する。最初の案は「自転車産業の復興とサイクルスポーツの振興」を大義名分に、神奈川県が発売している「宝くじ」を利用しようというものだった。「競馬と同じ法律をつくらない限り、実現は不可能」と分かったときに出会ったのが、社会党の代議士、林大作だったのである。

倉茂が書き残した『競輪誕生の想い出――自転車競技法成立までの秘録』（週間レース社）によると、〈われわれの話を聞いた林は、片山総理の意向を聞いてからと即答をさけたが、（中略）片山総理は、「それは面白い。近頃は国民生活が暗くなるような法律ばかり作っているときに、そんな明るい法律が議員立法で成立することは、まことにほほ笑ましいことじゃないか」という意味の意見を述べられた〉。

社会党の中央執行委員会も同意して、法案作りへ進むが、当時は占領下でＧＨＱの許可が必要だった。一旦下りたはずの許可が、なぜかＧＨＱの反対で白紙に戻される騒ぎがあったものの、結局「中央集権でなく地方分権」でとの注文がついてＯＫとなった。

いよいよ国会審議である。第２回国会の１９４８年６月10日に衆院商業委員会に法案が付託され、審議に入った。25日の第４回商業委員会で可決、翌26日、本会議で可決して参院に送付。参院では７月１日に商業委員会で可決、７月３日参院本会議で可決成立した。

参院は当時緑風会が最大会派で、商業委員会ではその緑風会７人と無所属２人の計９人が「賭博は認められない」と絶対反対を唱えていた。賛成は社会党、自由党、民主党の計８人。このままでは否決である。

委員会を傍聴していた倉茂によると、７月１日に行われた採決では、出席委員５人のうち４人が反対したが、委員長の一松政二（自由党）は「すでに賛成を署名した委員が４人おります」といって可決した。「薄氷を踏む思いで可決されたのである」と倉茂は述懐している。

参院本会議では「逆転否決」が予想された。委員長報告のあと、議長の松平恒雄（全国区から出馬し、当選後、緑風会）は賛成者の起立を求め、「過半数と認めます。よって本案は可決いたしました」。

初代参院議長の松平は、父親が元会津藩主。地元では「殿様」と呼ばれていた。会津競輪のバンクは鶴ヶ城の堀を利用したが、それを使うことを許可したのは松平だった。会津競輪のことは後述する。

法案可決に、「とめどなく涙が流れた」と倉茂は『競輪誕生の想い出』に書いているが、なぜ緑風会が異議を唱えなかったかは、記されていない。

「陰の功労者」は伝説の名投手？

競輪発祥の地は福岡県の小倉である。１９４８年11月20日に始まった小倉競輪の初日を、地元福岡県の『西日本新聞』はレースの写真を付けて、〈早くも大穴／車券付競輪はじまる〉という見出しで報じた。

〈馬券の向うを張って全国初の車券競輪が競輪ファンの待望のうちに二十日小倉市三萩野競輪場で全国プロ選手百十四名が参加してはなばなしく開催された。この日からりと晴れた秋日和に地元はじめ遠くは北海道、関東、中部、関西の各地から初もの食いの競輪ファ

ン数千名がどっと押しかけ初日から高配当続出に人気を呼んだ〉

　このあとレース結果と配当が載っているが、初開催４日間の売り上げは１９７３万円で予想を遥かに上回った。

〈まんざらでもない競輪／小倉市の純益１２００万円〉（『西日本新聞』11月25日付）

　敗戦から３年。財政難にあえぐ地方自治体にとって「宝の山」を掘り当てたようなものだ。競輪はアッという間に全国に広がった。足かけ６年で63競輪場がオープンしている。

　競輪はどうして小倉から始まったのか。調べていくと、「陰の功労者」として浮かび上がるのは、意外にも「甲子園の土」を最初に持ち帰ったとされる小倉高校の福嶋一雄投手（早大―八幡製鉄）である。

　小倉高校は夏の甲子園大会で２連覇した。その立役者が福嶋投手なのである。１９４７年夏は学制改革前で小倉中学だが、深紅の大優勝旗が初めて関門海峡を渡った。翌48年は、福嶋投手が５試合すべて投げ抜いて、相手に１点も許すことなく優勝した。福嶋は２０１３年に野球殿堂入りし、２０２０年８月27日、89歳で死去した。

　１９４８年の秋の国体、第３回国民体育大会は福岡県が開催地に選ばれた。花形といえる高校野球の会場は小倉市に決まった。それと抱き合わせの形で、小倉市は、人気がなく、引き受け手のなかった自転車競技を押し付けられたのだ。
当時、高校野球がどれだけ人気があったか。小倉市が国体に合わせて建設した小倉豊楽園球場は収容人員３万人だ。総工費２５００万円。地方の球場では考えられない規模だが、国体では〈球場の内外野を立錐の余地なき盛況裡に挙行された〉と『小倉市誌』にある。福嶋投手の小倉高校も決勝戦まで勝ち進んだが、京都・西京商に０―２で敗れ、準優勝に終わった。

さて、お荷物だった自転車競技である。

新設した三萩野競輪場は、１周５００メートル、幅６メートル。傾斜（カント）のついた国際規格のものだった。同競輪場の老朽化により誕生した北九州メディアドームの脇には「競輪発祥の地」の碑と、当時の小倉市長・浜田良祐（故人）を顕彰する碑が建っている。

国も地方も戦後の荒廃からどう立ち上がるか必死だった。カネもモノも、食糧さえなかった。「市財政が苦しかった。市税は入らず、金がなくて職員の給料も払えない状態だったのです。このままでは市がやって行けなくなる。大バクチを打ってやれと思い、競輪に飛びついたわけです」と浜田市長は、競輪発祥20周年記念「第10回競輪祭」のパンフレットで本音を漏らしている。浜田市長は、国体が終わったら「競輪」という思惑から、戦後初の本格的ベロドローム（自転車競技場）を建設したのだ。

第3回福岡国体が閉幕したのは11月3日。それから2週間あまりで「小倉競輪」が開催された。ポスターには「第一回公認車券附サイクル・レース」とある。

20日午前10時半、「只今から日本で初めての競輪を挙行します」の宣言のあと、実用車1000メートルがスタートを切った。女子レースも行われた。しかし、参加を申し込んだプロ選手は、小橋トシ子（登録番号1番、長崎）と秋重敏子（同2番、山口）の2人しかいなかったため、地元の自転車振興会のタイピスト2人を特別参加させている。

第1回小倉競輪ポスター

現在、「KEIRIN」はオリンピック種目にまでなって、英語の辞書にも載っている。こんな時代の到来を誰が予測しただろうか。

「幻の東京オリンピック」の遺産

さらに時を戻して意外なルーツを訪ねてみよ

う。

第1回小倉競輪が開かれた三萩野競輪場には、モデルがあった。それは１９３９年9月に完成した「日本で最初のベロドローム」大宮双輪場（埼玉県）である。

話はＮＨＫの大河ドラマ「いだてん」でも描かれた、第2次世界大戦のため中止にされた１９４０年の東京オリンピックに遡《さかのぼ》る。大宮双輪場は、この幻の東京五輪のため、選手強化を目的につくられたのである。

この大宮双輪場建設の功労者は、もともと新聞記者だった北澤清（１９０３〜80）である。この北澤も「いだてん」の登場人物たちにヒケを取らない怪人物だった。

「口八丁、手八丁」「わが道をゆくアイデアマン」「行動力の人」。新聞の人物紹介にこうある北澤は、東京日本橋生まれのチャキチャキの江戸っ子である。旧制中学時代から陸上競技のスプリンターとして活躍、１９２９年に東京農業大学を卒業して、『大阪毎日新聞』（現・『毎日新聞』）のスポーツ記者となった。

入社2年目の１９３０年。ドイツのダルムシュタットで開かれた国際学生競技会（ユニバーシアード大会の前身）に、日本学生陸上競技連合会会長・山本忠興団長（早大教授）の秘書として同行する。「西田修平（早大）が棒高跳びで優勝」などの「北澤特派員・電」

が『大阪毎日新聞』・『東京日日新聞』の紙面を飾っている。

　その帰り、パリでツール・ド・フランスに出会い、そのスピードに魅せられた。翌31年、大阪毎日新聞社は、北澤の提案を受けて、鹿児島―大阪間１０００キロメートルを５日間で走破する「第１回西日本サイクル・チーム・レース」を開く。その年のツール・ド・フランスはパリから出発してまたパリにもどってくる24ステージ５０９５キロメートルで争われている。北澤発案の〝ツール・ド・ジャポン〟はその５分の１ほどの距離でスケールは段違いだが、レース運営はそっくり真似た。１等賞金１０００円で「鹿児島から大阪まで何時間で走破するか」懸賞投票を実施した。当時総理大臣の月給が８００円（週刊朝日編『値段の明治・大正・昭和風俗史』朝日新聞出版）だから、いかに高額を張り込んだか分かる。連日大々的に報道し、ゴールでは「梶田選手（奈良）優勝す」の号外まで出した。読者からの応募は78万票にのぼり、大会は大成功だった。

　ベルリン五輪（１９３６年）の開会式前日に開かれた国際オリンピック委員会（ＩＯＣ）総会で、１９４０年東京五輪開催が決まった。北澤は、それを見越して自転車競技の五輪初参加を画策していた。

　折しもこの頃、国際自転車競技連合（ＵＣＩ）から、ベルリン五輪のすぐ後にスイスで開催される世界選手権の案内が届く。北澤は派遣費用の調達に奔走し、自身が勤める毎日新聞社からも３０００円の拠出を受け、計3万円を集めた。団長は北澤で、代表4選手は、出宮順一（岡山。太平洋戦争で戦死）、石塚陸春（愛知）、村上二三九《じさく》（愛知）、国見辰夫（徳島）だった。これは、日本の自転車チームが初めて参加した国際大会となった。

ここで話は大宮双輪場に戻る。

北澤ら一行はスイスの世界選手権を前に、ベルリン五輪の自転車競技を見学した。1周４００メートルの板張り走路で、曲走路に傾斜をつけて、スピードが鈍化しないよう設計されていた。北澤は新聞社の特派員として取材に走り回ると同時に、ドイツの自転車競技の役員に頼み込んで、競輪場設計の専門家シュールマンから設計図を入手した。

北澤が書き残した「競輪場について」（『公園緑地』１９５０年4月15日号）によると、東京五輪の自転車競技場は東京・晴海に建設される予定で、そのシュールマンの設計図をもとに、太田尾廣治（当時東京市港湾部）が1周５００メートル、幅９メートル、傾斜45度のベロドロームを設計した。五輪施設建設の進捗状況を視察に来たイタリアのＩＯＣ委員が完成予想の模型を見て「世界一のコース」と激賞したと『朝日新聞』が報じている（38

年4月19日朝刊）。

五輪返上で晴海での工事は中止されたが、埼玉県大宮市（当時）に建設した練習用が残った。これが日本で最初の自転車競技場となった。大宮双輪場である。

そして戦後、国体のために小倉市が自転車競技場を新設する際、北澤の「大宮をモデルにするよう」との要望に応える形で、三萩野競輪場が出来上がったのである。

北澤は戦時中、スポーツ記者から文部省体育局運動課長に異例の転身をした。１９４１年、初代体育局長、小笠原道生とともに夏の甲子園大会を中止に追い込み、翌42年には文部省主催で「全国中等学校錬成野球大会」を甲子園で開催した。「幻の甲子園」と呼ばれる大会だ。その一方で、「戦後すぐ夏の甲子園大会が復活できたのは、北澤さんの尽力による。共催団体として、現在の日本高校野球連盟につながる学校野球の組織づくりを勧めてくれた」と、「高校野球の父」佐伯達夫氏は自伝に書き残している。

北澤は戦後、公職追放されるが、解除後、１９５２年ヘルシンキ五輪の自転車競技日本代表監督、日本ユニバーシアード委員会の初代委員長となり、59年トリノ大会から３大会続けて日本選手団の団長を務めた。64年、東京五輪の開閉会式が行われた国立競技場の「育ての親」といわれ、大会の成功に寄与した。

〈昭和一ケタ時代の大きな自転車競技大会は、ほとんど北澤さんの計画で実現したといっても過言ではない〉と『競輪三十年史』（日本自転車振興会）に記されている。わが国の自転車競技の先駆者であったことは間違いない。

選手集めが大変

法律は作った、競技場もできた。では、最初のレースの様子はどのようなものだったのか。国会図書館で古い新聞を調べていて、ケイリンの始まり「小倉競輪」（1948年11月20日から4日間）の開催広告を見つけた。

〈第一回公認車券附（競馬式）　サイクルレース開催
馬券を買って楽しく秋の一日を過ごすのと同じ要領で車券附サイクルレースが公認されました。勝者車券の払戻には制限がありませんので、大穴が出れば数万円以上の配当となりましょう。
出場選手は全国の一流を網羅、実用車及競走車によるスリルが満喫出来ます〉

広告では、「車券附サイクルレース」と表記し、競馬と同様に「車券」のついた自転車レースと説明している。「競輪」という用語もまだ定着してはいなかった。翌49年3月開催の第1回川崎競輪の参加記念メダルには、ローマ字で「Kyorin」と入っている。「けいりん」ではなく、「きょうりん」だったのだ。

「出場選手は全国の一流を網羅」とうたっているが、同時に「選手申込要領」もあった。登録料５００円を払えば、15歳以上なら誰でも出場できた。

賞金は1等５０００円、2等２５００円、3等１５００円、4等７００円、5等３００円。レースは6車立てだったから4着までに入れば登録料を差し引いても利益が出る。

そのうえ「汽車賃実費」、さらに宿泊手当と出走料が1回３００円支給された。宿泊手当は地元九州の『朝日新聞』や『毎日新聞』の広告では１２００円、東京発行の『読売新聞』や『毎日新聞』では７００円になっている。何故５００円の差があるのか分からないが、「出場選手や〜い」と主催者が必死に呼び掛けているのは分かる。

こんな優遇措置は初回だけで、その後は9車立てなら6着以下、8車立てで5着以下は賞金ゼロになった。これを選手たちは「無賃乗車」と呼んだ。競輪場へ行く汽車賃はむろん、宿泊手当も出走料もなくなった。

番組をつくる（レースを成立させる）ために、とにかく選手集めに躍起だった。11月３日に終わったばかりの第3回福岡国体で自転車競技に出場した選手や関西の自転車競技の選手会会長だった横田隆雄（当時31歳、大阪）ら有力者に「選手を連れてきて」と頼み込んだ。

１９３６年にスイスで開かれた世界選手権に日本が初参加したときのメンバー・村上二三九（当時41歳）や毛利武男（当時33歳、東京）らのベテラン選手も各地からはせ参じた。国体選手からは実用車２０００メートルで優勝した河内正一（当時21歳、兵庫）ら。前日検査に１３０人が現れた。「選手不足をおそれ、希望者は双手をあげて歓迎せざるを得なかった」という。

レースの種目は、「甲規格」（車輪の直径27インチ、タイヤの太さ1インチ8分の1）と「乙規格」（同26インチ、1インチ4分の1）と「実用車」（同26インチ、1インチ8分の3）の３つだ。

甲規格は現行のレーサー（専用車）と同じ規格だ。乙規格は当時軽快車と呼ばれ、車輪の大きさは実用車と同じで、タイヤの太さが実用車より若干細いだけだった。「実用車」はつまり一般の自転車のことである。普通の自転車を持って行って、そのままレースに出られたのだ。選手の格好も地下足袋《じかたび》、巻脚絆《まききやはん》といったものも混じっていた。

2日目の第1レース実用車1000メートルで優勝した井上照次（当時20歳、福岡）は国体からの転向組だった。「全国から選手が集まったのですが、選手数が足りず、6車立て走路で4車で走ったりしました。甲規格と乙規格と両方走ってくれといわれましたが、私は競走車を持っていませんでしたので、残念ながら乗れませんでした。一般レースで1着になって1000円札で5000円、4日目の優勝レースで3着に入って3000円、優勝の1着は1万円でした。私の当時の給料（国鉄の印刷所勤務）が1カ月7000円くらい。2日間で8000円稼いだんで、会社をやめて選手になった方がいいと思ったものですよ」。

出場選手たちは、出走の1時間前に到着すればよかったし、グラウンドに出るときも観衆の中をかきわけて現れるといった具合。中央のフィールドで出走を待つ間に尿意を催して、バックストレッチの方を向いてゆうゆうと用を足すといった風景も珍しくなかった、と『競輪十年史』にある。

ただバンクの評判はよかった。国体の自転車競技は大会新記録ラッシュに沸いた。全部で111もの記録が出た。「競輪場の優秀さを物語っている」と地元は鼻高々、と『朝日新聞』は報じている。この国体で1万メートルと団体追抜きで優勝したのが、前の章でも登場した、のちにパリで画家となる加藤一だった。加藤は当時23歳、小倉競輪場について〈戦後初めて建設された真新しい、四百メートル、四十度のカントをもったヴェロドローム〉、〈二コーナーと三コーナーの間のカントの中央で直線コースと同じような最高速を出し、この自転車競技専門競技場の性能を身をもって体験し、感激したものだった〉と書いている（『風に描く』）。

黎明期に活躍した「横田軍団」

小倉競輪初日の第1レースで1着となった歴史的な選手は、当時17歳の芥禎男（大阪）である。小倉競輪の登録選手は男子126人、女子4人の計130人。新制中学卒の15歳から最高齢は明治生まれの50歳。

出走表が残っている。

第1レース　実用車　1000メートル

1　尾久　正雄　36歳　福岡

2　安本　宏有　21歳　福岡

3　井上　一人　22歳　福岡
4　芥　禎男　17歳　大阪
5　村田　泰昭　？　福岡
6　立石　秀雄　23歳　山口

〈結果〉①芥1分44秒2②立石1分50秒4
〈配当〉単勝150円。複勝140円、270円

1948年11月20日（土曜日）午前10時30分。「只今から日本で初めてのキョーリン（競輪）を挙行します」という宣言があって、レースが始まった。

1周500メートルのバンクを2周。ジャンが鳴って、2コーナーを回ったあたりから芥選手がスパート、そのまま逃げ切った。大差の勝利だった。17歳の若者が1着賞金5000円を手にしたのだ。国電の初乗り運賃が3円、手紙に貼る切手が5円の時代である。

「倉茂さん（発案者の一人）と一條（信幸）さんのエライさん2人がにこやかに迎えてくれ、『アクタ君おめでとう』。うれしかったですね」

芥は、最終4日目の実用車決勝で河内正一に敗れて2着、ほかに甲規格の予選で3着の

3レースしか出場しなかったが、獲得した賞金は1万2500円にのぼった。大阪に戻って「そんな大金、どないするん」と仲間からうらやましがられた。横田も、決勝レースで優勝するなど「フトコロはほくほく」だった。「オリンピックよりキョーリンやで」となったのだ（『月刊競輪ダービー』1963年11月号）。

芥は大阪ミナミの天下《てんが》茶屋《ちゃや》で育った。男3人兄弟の真ん中。「大手電機メーカーの工場に勤労動員されました。食べるものがあらしません。船員になれば、朝昼晩メシにありつけると思って、神戸の汽船会社に行って、瀬戸内海を航行する物資の運搬船、正裕丸に乗りました。船の前後に大砲がついていましたよ」。

終戦時14歳。子どもたちも生きるのに必死だった。たくましかった。

家業が運送業。天下茶屋は家具の街で知られる。京都や奈良、和歌山まで家具を運ぶ注文があった。「リヤカーに家具を載せて、自転車で引っ張っていくんですわ」。

足腰が自然に鍛えられた。自転車に乗るのが面白くてしょうがない。アマチュアの自転車クラブの仲間と一緒に練習をするようになった。

そのクラブの代表が、のちに「競輪の神様」とまで呼ばれた横田隆雄だった。競輪の初期、横田の率いた「横田軍団」の活躍は後に述べる。

芥は、1961年に30歳で引退したが、その人柄が買われて自転車部品メーカー大手のシマノ（本社・堺市）の関連会社イズミに80歳まで勤めた。2015年に85歳で世を去った。

「横田軍団」を率いた横田は競輪選手になる前は、オリンピック選手を目指していた。1940年の東京五輪である。

1937年、現在の国体にあたる第9回明治神宮体育大会の1万メートル決勝で、15分24秒9の日本新記録で優勝していた。20歳だった。前年のスイス世界選手権日本代表の出宮順一（ロードレースで日本人初の7位入賞）、村上二三九（のち競輪選手）を破ったのである。

〈元気一杯の横田が、ホームストレッチに入る瞬間果然スパートして出宮を抜いた〉と『東京日日新聞』（10月31日付）は伝えている。

翌38年3月、東京五輪の候補選手が発表された。学生、社会人各10人プラス補欠1人。その補欠に「横田隆雄（大阪）入営中」とあった。徴兵されていたのだ。

日本政府が五輪開催権返上を決めたのは、同年7月。五輪出場の夢は幻に終わった。

横田は1947（昭和22）年の第2回石川国体と、翌48年の第3回福岡国体に連続出場した。

横田は『月刊競輪ダービー』1963年11月号で小倉競輪前の特訓ぶりを語っている。〈競輪が始まる2カ月前からスピードをつける練習をしました。早朝、国道13号線《ママ》（現・府道和泉泉南線）で1000メートルのタイムを測った。目標は1分20秒を切ること。当時1分27～30秒が普通で、私は1分18秒でした。昼からは桜の宮公園で周回練習。みっちり準備をしました〉

芥をはじめ、20人近くの「横田軍団」が練習に参加していた。若い弟子たちは横田を〝師匠のオッチャン〟と呼んで慕った。

福岡国体に備えた練習にいそしんでいる横田に、「競輪開催」の報が届いた。国体のために小倉市三萩野に新設した自転車競技場を使って、国体終了17日後から競輪を始めるというのだ。アマチュア自転車界の実力者で、大阪で弟子を沢山《たくさん》抱えている横田に「小倉競輪に選手を出してほしい」と要請してきたのである。

当時、アマレーサーの最大の目標はオリンピック出場だった。競輪に出る＝プロになることは、その夢を捨てることになる。国体にも出場できなくなる。

師匠格の横田は「オレは年（当時31歳）だから、プロに転向する。君たちはしばらく様子をみろ」と結論を出した。ところが「オッチャンが行くならオレも」となって、若い弟子たちはプロ転向とアマ居残り組の二班に分かれた。

翌年の１９４９年６月、横田は住之江で開かれた第１回全国争覇競輪（現・日本選手権競輪）で優勝し、初代ダービー王に輝く。その年10月の第２回にも甲規格で優勝するなど、活躍の場は競輪界に移った。

芥とともに、横田に鍛えられたのが柴田兄弟だ。

兄の柴田博司（大阪）は、初の競輪、第１回小倉競輪の乙規格で優勝、「小倉競輪で兄が賞金３万円を稼いできた。オヤジは神棚にあげて拝んでいました」と語るのは、弟で、やはり競輪選手となった柴田俊彦（大阪）である。１００円札が最高額紙幣だったから３００枚の束だ。俊彦は１９４８（昭和23）年の第１回住之江競輪でデビューした。「兄が走るのはいつも一番前。私はジャンが鳴ってからゴールを先頭で駆け抜ける。上手に走ることだけを考えていました」。

博司は１９５１年２月、街道練習中に事故で亡くなった。

1951年、横田は日本プロフェッショナルサイクリスト連合の常務理事となり、翌52年4月に設立された日本競輪選手会の副会長、57年から61年3月まで理事長をつとめた。

1959年には世界選手権（アムステルダム）の日本代表監督となった。

1962年からは、大阪のビジネス街にあるビルの地下でサイドビジネスとして喫茶店を始めた。「喫茶店は繁盛していたのですが、別のビルを借りてレストランを開きました。これが大赤字で、借金を抱えて大変でした」「賞金をどれだけ稼いだか知りませんが、派手に使いまくって、家1軒残っただけましですかね」と、今は喫茶店を継いでいる次男の滋は明かす。

1980年6月30日、横田は動脈瘤破裂で亡くなった。63歳だった。

興奮を高める「ジャン」の響き

ジャンといえば競輪である。国語辞典にも載っている。〈じゃん〔名詞〕競輪で、競技中の選手に最終の周に入ることを知らせる打ち鐘〉（『日本国語大辞典』小学館）。

大阪ミナミの繁華街・道頓堀といえば、阪神タイガースが優勝すると熱狂的なファンが飛び込むことで知られる戎橋《えびすばし》がある。その橋のたもとに和歌山競輪のジャン（打鐘）があるのをご存知だろうか。

毎夜10時に鐘のメロディーが流れる。青少年に「もう夜も更けました」と帰宅を促しているのである。１９８９年に設置された。

「南警察署からいい鐘がないかと尋ねられましてな」と、柴田俊彦。登録番号１５５番、前項で触れたように、第1回住之江競輪でデビューした元競輪選手である。引退後は鉄工所を経営、岸和田、京都向日町《むこうまち》、奈良、千葉、松戸などの競輪場にジャンを納めていた。

「和歌山は新品と取り替えたばかり。引き取ったジャンが残っていました」。

第1回小倉競輪からジャンは鳴っていた。

「けいりん」ではなく、「きょうりん」と呼ばれていた時代だ。占領下、出版物はＧＨＱの検閲を受けた。検閲のため提出された新聞や雑誌のコレクション（プランゲ文庫）がマイクロフィルムに撮影され、国会図書館で閲覧できるが、１９４９（昭和24）年3月に大阪市で創刊された『日本競輪』は題字に「ＮＩＰＰＯＮ　ＫＹＯＲＩＮ」とローマ字で読みを入れている。『九州競輪新聞』や『信濃競輪新聞』創刊号などもあった。小倉競輪の成功で競輪場が全国に広がり、競輪新聞も各地で発刊されたと思われる。月2回刊のタブロイド紙『自転車』23号（1949年7月15日、編集長は東京都自転車競技連盟を創設した月岡朝太郎）は、6枚の写真で競輪レースを紹介している。その中に打鐘の場面もあった。

すでに「ジャン」と呼ばれていたことがわかる。

〈ジャン　お後《あと》一周こゝを先途〉

当時の競技規則にこうある。

「その競走の最終回に際しては響鐘をもって信号せねばならない。響鐘は先頭の走者が最終の周回に入らんとする直前約5秒間連続点打する」

現在は、先頭の選手がバック・ストレッチ・ライン（ゴールから半周の線）を残り1周半で通過する時から打鐘を始める。ジャンが鳴ると、レースは一気に動く。正念場である。1000分の1秒を争う興奮のゴール前。逃げ切るか、捲りか。場内は興奮の坩《る》堝《つぼ》と化す。

元関東自転車競技会副会長の亀田博文（1950年から10年間競輪選手として活躍）は「競輪生みの親の三羽烏がお元気で、ジャンの鳴らし方もあの人たちが考えたのですよ」

という。

競輪生みの親の三羽烏とは、前にも登場した倉茂貞助、海老沢清文、一條信幸（日本自転車振興会常務理事）のことだ（いずれも故人）。生前の倉茂の「競輪事始め」に関する証言がビデオに収められている。「演出効果を高めるため、バックセン（ゴール前２００メートル）から、より大きな音で打鐘するよう一條君に指示をしました」。

「競輪で観客の興奮度を高めるなどの演出ができるのは、あの鐘の音だけ。叩き方の自称名人が沢山いました」と亀田はいう。

元競輪選手の大塚梅之助（故人）も名人と呼ばれた打鐘員で、今はなき後楽園競輪場で、ジャン一筋。「競輪を演出する一番大切な役者だ」と、胸を張っていたという。映像制作プロデューサーの宿谷英勝から「大塚語録」を聞いた。

「鐘はやたら叩けばいいものではない。選手がリズミカルに走れるように、回すペダルのテンポに合わせて叩く」

「鐘（梵鐘）にはイボ状の乳が１０８個ある。煩悩の意味だ。打鐘がいかに神聖か、無の境地で鐘と向かい合いました。お寺の住職さんも同じ叩き方をするんですよ」

左から銅鑼（高知）、洋鈴（奈良）、半鐘（弥彦）

競輪場で使われている鐘は3種類ある。

・半鐘型（通称・梵鐘）――競輪場で一番普及している。火の見櫓《やぐら》の半鐘と同じ。平塚競輪場の大きな鐘が有名だ。2011年3月に廃止された大津びわこ競輪場では鐘に「青龍」と「白虎」が彫ってあった。

・洋鈴型――真鍮合金製。澄んだ音が出る。松戸競輪場などで使われている。

・銅鑼《どら》――客船が出航のときに使うドラの音が高知競輪場の名物だ。戦後の金属不足時、競輪場開設にあたり、小高坂村（現・高知市）の虫送りの行事に使われていたものが寄贈されたことが始まり。初代はひび割れして引退、「りょうまスタジアム」内に展示されている。

レースを支えるクロモリの車体

競輪の歴史をたどると、車体の進化に触れざるをえない。

「フレームの素材そのものは競輪が始まったときと変わっていません」と、取材で訪ねたブリヂストンサイクル株式会社（本社・埼玉県上尾市）の三浦孝之はいう。競輪選手たちのための手作りプロフレームの担当者だ。

クロモリ――自転車の世界の人たちは、クロムモリブデン鋼をこう呼ぶ。頑丈だが、重い鉄素材である。車体の軽量化でアルミやチタン、カーボンへと素材が変化する中で、クロモリの車体は、プロの競輪選手だけでなく、一般にも愛好者がいる。1冊丸ごと『クロモリロードバイク』（枻出版社）という特集本も発売されているのである。

「もっとも、フレームを構成するパイプの厚さを薄くして軽量化しています」（三浦）

パイプにはバテッド管という種類があり、力のかかる端の厚さはそのままとして、中間部は薄くした形状のものが開発され、使われている。

カーボンフレームは軽くてゆがみが少なく、直進性が高いため、直線でのスピードが出しやすい。それに対し、クロモリは力がかかるとたわんだり、横に動いたりする。その特性を生かせば、高い操縦性を追求することができるという。

自転車の先進国ヨーロッパではすでに軽量化が進み、１９４９年には〈仏ロケット社はクロモリ製フレームで重さ2・7キロという驚異的な軽量もの〉をイギリスで開かれた展示会に出品した、と『日本自転車検査協会20年史』（日本自転車検査協会）にある。

それから70年余。「勝てるフレームをつくって欲しい」。選手たちの注文は直截的である。賞金、つまり生活がかかっているから当然の要求ではあるが、その要望に合わせてフレームづくりが始まる。作業現場に原寸大の設計図が置いてあった。精度はなんと0・1ミリ単位である。

選手たちの感覚的な言葉をコンピューター解析し、最後は職人のウデで完成させる。

「掛かる（進みやすい）車」「流れるフレーム」「カーンと反応する」

フレームの各辺の比率は、選手の身長と股下から算出される。先行、自在、追込みと、脚質でも微妙に違ってくる。トレイル値（前輪のタイヤが地面に接する面積の度合い）を見てもらいたい。その値は先行が大きく、追込みが小さい。前輪がどれだけ地面に着いているかである。クロモリ素材のパイプをバーナーの火で溶接し、狂いがないかを確かめる。

三浦は埼玉県立川越工業高校の自転車部に所属し、卒業後実業団チームに入った。「賞状を何枚もらってもしょうがない」と、足で稼げる競輪選手を目指した。競輪学校を3回受験したが、夢はかなわなかった。で、選んだのがフレームビルダーの道だ。

「高校時代にガス溶接の資格をとったのも、いつかフレームビルダーになろうという気があったんですね」

という三浦が憧れの存在だと語るのが、長澤義明だ。

中野浩一が世界選で10連覇を果たした陰に、メカニックでありフレームビルダーである長澤義明がいたことは有名だった。長澤は日大時代にメキシコ五輪の代表候補になった自転車競技の選手だったが、事故で選手生活を断念。１９７０年に渡欧、イタリアのミラノ郊外にある自転車メーカー「デローザ」で修業をした。中野の脚力を最大限に発揮させるために、サドルの位置を2センチ前にずらしたという話はよく知られている。

三浦は言う。

「私がつくったフレームで優勝してくれることが一番うれしい。優勝者には必ずお祝いのはがきを出して、勝利の喜びを分かち合います」

スリット写真が勝負を決める

競輪で一番興奮する場面は、ゴールの瞬間だ。逃げ切りか、追込みか。3車同着ということもあるからスリリングである。とても人間の目では判定できない。そこで導入されたのが写真判定だった。これは早くも第1回小倉競輪から実施されている。

写真判定の実際を、西武園競輪場で見せてもらった。ゴール白線の延長上にスリットカメラがセットされている。4コーナーを回ってゴールに突っ込んでくる選手たち。アッという間にゴールを駆け抜けた。写真機のシャッターにあたるリリースボタンを離して暗室に飛び込む主任。5秒も経たないうちに「ハイ！」という声がして、助手が暗室を開けると、ゴールシーンが審判長室につながっているテレビ画面上に映し出されていた。

1着7番、2着3番、3着1番。とりあえず車券に関係する3着までがコールされ、そのあと9着まで順位を確認して、着差が読み上げられる。2分の1ビー（「ビー」とはB、車体のボディーのこととあとで聞いた）、4分の1ダブ（車輪のこと）、2ビー、1ビー……。

次いでタイムがスリット写真から読み取られる。3分7秒0が1着のタイムだった。場内放送で「決定」と、このレース結果が発表になった。全車がゴールしてから1分14秒後だった。ともかく早い！

いかに時間を短縮するか。現像液の温度を50度に上げている。液温を高くすると画像は瞬時に現れるが粒子が荒れる。

写真判定室の緊張が解けた。「同着など際どい場面は、プリントして審判長室に下ろします。このレースは何も問題はなかったんですが、失敗が許されないだけに毎レース緊張します」と日本写真判定株式会社の北村浩之。就職して17年（取材当時）。「４００メートルバンクの場合１周目が60秒以上かかると賞金を半減される規則があって、スローペースだとその写真も撮ります」。

カメラの仕組みはこうだ。フィルムの前面に、金属製のスリット板が置かれている。スリットの幅は１００分の３ミリ、髪の毛より細い隙間である。

このスリットをゴールの白線に合わせ、フィルムを高速で動かして、ゴールの白線上を通過する実像をフィルム上に記録する。

写真には縦に黒い線が等間隔で入っている。その間隔は２００分の１秒である。つまりその速さに合わせてフィルムが送られて、撮影されたということである。

このスリット写真を着順判定に導入したのは、日本写真判定株式会社の創業者、渡辺俊平（１９０１〜72）である。理化学研究所に入り、戦前の無声映画時代に独自のトーキーを開発、日本大学芸術学部映画科の教授となって、戦後15年間、同学部長をつとめた。

渡辺が書き残した「スリットカメラ型計時着順判定装置の研究と其の応用」（『日本大学芸術学部学術研究』１９７１年）によると、スポーツ競技の写真判定は、１９３６年のベルリン五輪から始まった。16ミリの高速度小型撮影機が使われた。

スリット写真によるゴール判定

幻に終わった「１９４０年東京五輪」に向け、渡辺は組織委から科学施設研究会委員会の写真分科会の委員に任命された。16ミリ映画カメラで毎秒１００コマ撮影して着順判定をする報告をしている。

その研究成果が、戦後始まった競輪に生かされているのだが、最先端技術を駆使しても競輪のスピードについて行けなかった。ゴールの瞬間が捕らえ切れない。映像が不鮮明なこともあって〈写真が原因となった紛争は昭和二十四、五、六年ごろまでは、全国各競輪場でしばしば起こっている〉と、『競輪十年史』にある。

超高速撮影といっても毎秒１００コマでは、秒速20メートルでゴールすると、１コマで20センチも移動することになる。だから、「ゴールインの瞬間の写真は偶然でなければ撮影不可能」（渡辺）だった。それではと、毎秒３００～１０００コマを撮影する超高速度カメラも開発された。ところが、フィルムは毎秒2メートルも送られるから現像処理が大変なうえ、判定に必要なコマを探すのも一苦労だった。

渡辺がスリットカメラを創り出したのは、１９５０（昭和25）年7月。小倉から始まった競輪が住之江、大宮、西宮、川崎、鳴尾、久留米、豊橋、小田原、防府……と、全国に広がったころである。

　１９５９年の調査では全国59競輪場（当時）のうちスリットカメラ単独が37場、残りの22場は高速撮影も併用していた。しかし１９６５年にはスリットカメラに一本化された。その後、デジタルのスリットカメラも開発され、現在は、デジタル化されてクリアになった画像により、判定の精度が一層アップしている。

競輪文学散歩❺　逃げる、逃げる

スポーツ社会学者、古川岳志が2018年に出した『競輪文化「働く者のスポーツ」の社会史』（青弓社）という書物は、競輪を文化として理解するための絶好の入門書として、われらの「散歩」に加えたい。

競輪の歴史に始まって、「ガールズケイリン」の復活、来るべき東京オリンピックに登場する「ケイリン」競技に至るまで、「賭」の問題もふくめて幅広く教えてくれる。

もちろん「競輪文学」についても語っている。なかでも、1960年代の大スター選手・高原永伍の評伝、『高原永伍、「逃げ」て生きた！――風の人　35年間のバンク・オブ・ドリームス』（徳間書店）でデビューしたノンフィクションライター最相葉月の紹介に力がこもる。

先頭を走りつづけ、そのままゴールするのを「逃げ」という。先頭を走ると風圧をもろに受けるのできわめて不利だが、高原永伍は54歳で引退するまでその戦法に生きた。

高原について最相は、〈〝エイゴー〟／歓声が響く。／立ち上がる観客。／逃げる、逃

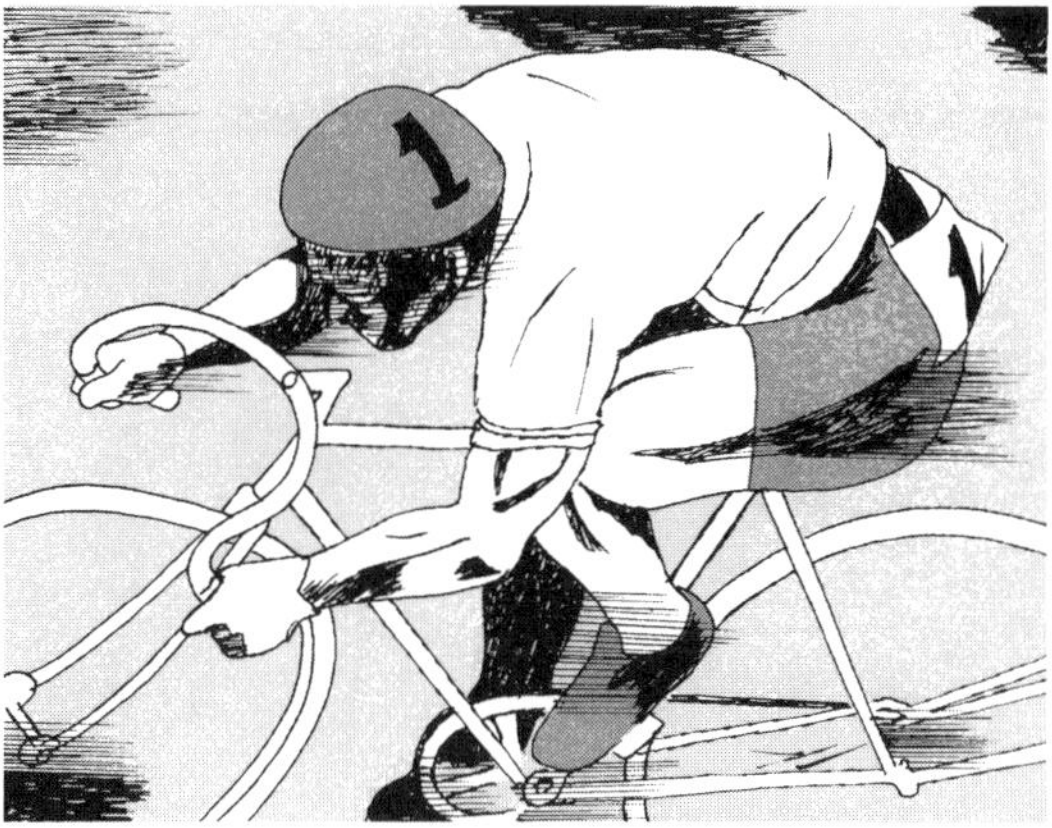

げる。永伍が逃げる。しなやかな丸い回転。永伍の風が吹く〉と鮮やかに表現した。

『熱烈応援！スポーツ天国』（ちくまプリマー新書）で最相は競輪についてこう訴えている。

〈二十歳を過ぎたら一度は競輪場に出かけてみましょう（中略）ただし、勝っても負けてもあなたの責任。人生の鉄則です〉

「人生」といえば、ある世代の人なら思わず口ずさむであろう。大歌手、村田英雄が昭和36（1961）年にうたって空前の大ヒットとなった、西條八十・作詞、船村徹・作曲の、あの歌声！

「吹けば飛ぶよな将棋の駒に／賭けた命を笑わば笑え……」

　すなわち「王将」。大阪の人で、読み書きはできないが将棋では天才の坂田三吉（1870〜1

９４６）がモデルの絶唱である。

西條がようやく仕上げた歌詞をもって郷里の栃木県に戻った船村は、苦吟していたある日、友人と宇都宮競輪場に行った。

最後の一周を告げる鐘の音、「ジャン（打鐘）」が鳴った。「イントロはこれだ！」のちに、歌謡曲の作曲家として初の文化勲章受章者となる船村（１９３２～２０１７）は、競輪の「ジャン」を「王将」の出だしにすえたのだ。それは、人生の究極のチャレンジを告げる響きなのである。

第6章　地方と競輪

新しい財源として

１９４８年、初めて開催された小倉競輪は、予想以上に当たった。「驚異的な成功」を収めた。小倉市は、新しい財源を掘り当てたのである。

占領下、ＧＨＱは中央集権を嫌った。競輪を政府が主催することに反対し、地方公共団体ごとに行うべきとした。言わば「地方分権」の先駆けのようなものである。そして戦災都市を優先した。

競輪開催の申請が、全国各地から次々に出された。足かけ6年（１９４８～53年）で最大63場にまで広がり、競馬の売上をアッという間に追い越してしまった。戦後すぐの、焦土から立ち直るのが精いっぱいで、映画館などの娯楽施設には手が回らなかった時代、競輪は人々の心をとらえたのである。

受難のとき

しかし、受難のときがすぐに来た。

車券を握りしめた観客であふれかえり、極度の期待と興奮が渦巻く競輪場、そんな中で騒ぎがいくつか起きたのである。最初に起きたのは、競輪が始まって間もない１９４９年４月、住之江競輪でのことだった。本命とみられていた選手が出走合図で走り出さず、他の選手たちが第１コーナーを回ったところでやっとスタート、２周目で追いついたものの、その後追い抜くことはできず、最後尾でゴールインした。これに観客が不満と不信をつのらせ、騒動にまで発展してしまった。結局、主催者がそのレースの車券を額面通りに買い戻し、陳謝することで収まった。

ところがこの後、西宮では打鐘員のミス（1周早く鐘を鳴らしてしまったため、選手が混乱して事故になった）、川崎では人気選手のペダルの故障など原因はそれぞれだが、鳴尾、長崎、名古屋など数カ所でも騒ぎが起きた。

これらの騒ぎは競輪の草創期（１９４９～53年）に集中していて、発端は、ほとんどが選手の訓練、競走のルール、担当者の育成、施設など、急ごしらえ、急成長ゆえの主催サイドの不手際によるものだった。ただ、「競輪」という競技特有のレース展開が、観客に理解されていなかったことも大きかったようだ。競走というと、号砲と同時に一斉に全力疾走するものと思い込んでいるのに、前半、互いの出方を計りながらゆっくり走り出す戦法が、「八百長！」、「怠慢！」と誤解されてしまったのだ。

また、当初は、全額払い戻しという応急手当で収めたのも、インフレや失業などの不安定な世情と重なって騒動を広げたという側面もある。

この苦い経験を踏まえて、騒擾《そうじょう》時の不的中車券買い戻しの禁止、不正競走の防止、加えて審判登録制度の確立、振興会の組織改革など、根本的、徹底的な策が講じられた。日本サイクリストセンター（後の日本競輪学校、現・日本競輪選手養成所）の設立、競技の厳格なルール作り（先頭固定競走など）、競輪場の整備、日本自転車振興会を発足させた機構改革などはその具体例だ。

ようやく騒ぎが落ち着いた頃、今度はギャンブル廃止論が巻き起こった。

美濃部亮吉東京都知事をはじめ、革新自治体の知事・市長が競輪廃止の先頭に立った。社会党政権下で提案された競輪にとって、なんとも皮肉なことである。そして１９６０年代には、札幌、神戸、明石、大阪中央、福岡、住之江などの競輪場が次々に消えていった。

そんな中、〝革新知事トリオ〟と呼ばれた東京都の美濃部、大阪府の黒田了一、京都府の蜷川虎三の間で、廃止の賛否が分かれた。美濃部と黒田は廃止、蜷川は存続。１９６９年の１月に美濃部が「都営ギャンブル全廃声明」を出すと、丁度１年後の１月、蜷川は「府営競輪廃止せず」という声明を出した。28年に及ぶ蜷川の長期府政には、競輪ファンの後押しもあったのかもしれない。

全国一の売上を誇った後楽園競輪場が１９７３年に廃止されて30年後の２００３年に、石原慎太郎都知事（当時）が復活を提案したものの頓挫。東京ドームの下には、今も競輪のバンクがひっそりと眠っている。

競輪の年間売上は、最盛期２兆円近くにまでなったが、その後減少の一途をたどった。しかし、２０１３年度の６０６３億円をボトムに、２０１９（令和元）年度には約６６０５億円にまで盛り返している。

競輪場は、現在（２０１９年）43場。収支はトントン。かつてのように黒字を市町村財政に繰り入れることが難しくなっている。それだけに各競輪場とも、売上増施策に生き残りをかける。

かつて地方自治体が開設を競った競輪場、その栄枯盛衰を追った。

お城の本丸をバンクに!?　会津競輪

♬春高楼の花の宴

「荒城の月」(作詞・土井晩翠、作曲・瀧廉太郎)の碑が本丸にある会津の鶴ヶ城。戊辰戦争のあと取り壊された天守閣は1965(昭和40)年に再建され、毎年50万人以上が登楼する観光名所になっている。

「エッ、ここで競輪が行われていたんですか。国の文化財でしょ、このお城」

観光客がびっくりするのも無理はない。入場券を売っている窓口の女性職員も「話には聞いておりますが、(写真などで)見たことはありません」と答えた。

レースの写真を探した。土産物を扱う「鶴ヶ城会館」にあった。ここに掲載した写真である。

〈333メートルの走路をぐるりととりまき、あふれた観衆は天守閣の石垣にまでよじのぼる熱狂ぶり〉〈場内をとりまく石垣はたちまち文字通りギッシリ真黒な人垣を作った〉

会津競輪初日・2日目の模様を『福島民報』は、こう伝えた。

城の石垣を利用

地元『会津魁新聞』に掲載された広告は「県営第1回会津競輪／於会津若松旧城跡」とうたった。会津競輪は1950年4月8日、全国で27番目に始まった。

何故、国の史跡に競輪場がつくられたのか。仕掛人は、当時の若松市長・横山武だった（55年に会津若松市と改称）。

横山は元新聞記者。戦前に『会津魁新聞』を創刊、敗戦後の48年3月、市長選に立候補して当選した。最初の難題は新制中学の校舎問題だった。6・3・3制は前年の4月からスタート、市内に4つの中学校が誕生したが、校舎がなかった。授業は、もっぱら間借りで行われ、移動教室は当たり前だった。

4つのうち2つは連隊跡の兵舎を改造するなどして手当てしたが、2つは新築しなくてはならない。しかし、財源がない。

「市長、これは博打をやって、そのテラセンで学校建てるしかないぞ」

こう持ち掛けたのは、『会津魁新聞』編集長から横山市長の秘書となった高橋直幸（のちに市議会議長）だった。高橋は新聞記者の早耳で自転車競技法の議案提出（48年6月）前に、「戦災復興のための競輪開催」計画を聞いていた。

会津若松市は戦災を受けていない。だから開催権はないのだが、高橋が目を付けたのは「戦災都市もしくは都道府県で2ヵ所」の文言。「県営」なら可能なことから「売上の25％が戻されるので、その半分を県に差し上げます」といって県を口説いた。

バンクはどこにつくるか。平地につくるのでは莫大な費用がかかる。「お城の本丸ならば真ん中の土を掘り下げ、その土を周囲に盛り上げてバンクをつくれば安上がりだ」。

鶴ヶ城は１９３４年に国の史跡に指定されている。文化財保護委員会の許可なしには一木一草も動かすことができない。

「松平の殿様におすがりするしかない」

横山市長は、当時の松平恒雄参議院議長に陳情した。「子どもたちが飢えに泣いています。腹一杯飯を食べさせたいのですが、その米を買ってあげられないのです」と、財源難で中学校の校舎が建設できない事情を訴えた。

「市長といえば昔の領主と同じだ。松平家先祖代々、会津の領民に苦労をかけたこともあっただろう」と、松平は市民のために「本丸活用」を認めた。

条件は唯一つ「間違いなく元に戻すこと」。

「まさに鶴の一声だった」と高橋秘書は『横山武さんを語る』（横山武追想録刊行委員会編、歴史春秋出版）に書いている。５年の使用期限後に、本丸の復元と城内の補修を条件に文化財保護委員会から許可が下りたのだ。

会津競輪でどれだけ税収があったか。１９６３年11月の廃止まで13年間の収益は４億５０００万円にのぼり、会津若松市はその半分の２億３０００万円を受け取った。

〈三中、四中、日新小の校舎を新築、火災で焼失した謹教小校舎の再建。その他災害復旧や市営住宅建設、さらに城の石垣修理や本丸復元の積み立てなど市政運営に大きな役割を果たした〉と『会津若松市史』にある。

『市史』はさらに〈競輪場建設工事は多くの人々に働く場を提供、競輪開催で毎年４００人を超える雇用もあり、周辺の飲食店や売店などを含め間接的にも市全体への利益は大きかった〉と総括している。

しかし、横山市長は次の52年の市長選で落選する。競輪に対するアレルギーは強かったのだ。56年に市長に再び返り咲き、65年に天守閣を復元した。その横山の胸像が天守閣脇にある。

一方、市民のために「本丸活用」を認めた鶴ヶ城のお殿様、松平参議院議長は49年11月に急逝する。本丸での競輪開催を見ることはなかった。72歳だった。

ＧⅠレースも開催、日本唯一の村営弥彦競輪場

２０１１年7月、村営弥彦競輪初のＧⅠレース「寛仁親王牌」が行われた。満員の観衆の中で優勝した浅井康太選手（三重）に賞金２５９０万円（副賞を含む）が手渡され、地元新潟県弥彦村の大谷良孝村長（当時）が閉会を宣言した。

「弥彦競輪で初めてのＧⅠでしたが、お陰さまで大成功に終わりました。来年も寛仁親王牌を開催します。どうぞよろしくお願い致します！」

大谷は得意満面だった。入場者は最終日だけで６０５５人。ここ十数年のランキングトップである。４日間で1万５０００人を超えた。売上は１０２億６０００万円。全国唯一の村営競輪場が息を吹き返したのである。

「雇用を含めて、人口８８００人の村の一番の産業です。田舎の小さな競輪場でＧⅠレー

スが開催されることは奇跡に近いことでした。その経済効果に燕や三条、長岡など周辺市町村もびっくりし、喜ばれています」

　弥彦村の財政に競輪がどれだけ寄与してきたか。一般会計へ繰り入れた総額は、２０１８年までに１３３億円にのぼる。年額の最高は、第４回「ふるさとダービー」（GⅡ）を開いた１９９１年度の10億円だ。弥彦村は、「平成の大合併」で隣接の２つの町と合併協議会をつくったが、結局ご破算となった。独自路線を歩んだ方が有利と判断したからである。

　弥彦小学校の３、４年生の社会科副読本にこうある。

〈競輪は村がやっている仕事の一つです。競輪によって、村には大きな収入が入ります。それらのお金は、老人や子どものために使ったり、農業や商工業をさかんにするためにまわしたり、学校のしせつやせつ備をととのえたりする費用にしたりして、ゆたかな村づくりに大変役立っています〉

　ところが、しばらくの間不況が続いた。「このままでは廃止」とみられたときに、猶予交付金制度や民間所有だった競輪場を村有化するなどして黒字化に努めた。お蔭で猶予金は２０１０年度で完済。あとはどうやってファンを呼び戻すかだ。

２０１１年に開催された初のＧＩレース「寛仁親王牌」は、歴史的な快挙だった。

その寛仁親王牌の期間中に、翌２０１２年７月から始まるガールズケイリンのエキシビションレースが行われた。その春、日本競輪学校に入学し、合宿訓練していたガールズケイリン第１期生35人のうち14人が出場した。優勝したのは地元弥彦村の藤原亜衣里（新潟。法政大自転車競技部出身）。自宅からは競輪場の入口が見えるという。この間近さで「アイリ！」の大声援に後押しされた。３着の中川諒子（熊本。早稲田大ウェイトリフティング部出身）、加瀬加奈子（新潟。順天堂大出身。元トライアスロン選手）、田中麻衣美（新潟。元モデル）の４人は、弥彦競輪のサイクルチーム「ＣＬＵＢ　ＳＰＩＲＩＴＳ」の初期のメンバーだ。

ＣＬＵＢ　ＳＰＩＲＩＴＳは05年から、弥彦競輪が取り組んできたアトラクション専門のチームだったが、女性アスリートの参入で「女子競輪の聖地」とまでいわれるようになった。

仕掛け人は村公営競技事務所の当時の所長・熊木克也だ。中央大学から１９８１年に村役場に就職をしたお役人だが、大学の先輩で村議、助役から２００３年に村長となった大

弥彦競輪場

谷とともに人気浮揚策を考えてきた。「まさかこんな展開になるとは思ってもみませんでした。ウチの4選手がガールズケイリンを引っ張ってくれれば、弥彦競輪の注目度もあがります」と語っていた。

所期の役目を終えたCLUB　SPIRITSは今、プロを目指すエキスパートクラスと一般の自転車愛好者たちのフレンドリークラス（いずれも男女は問わない）の練習クラブとなっている。

「日本一美しい競輪場」と、弥彦競輪場を称えたのは作家の阿佐田哲也だった（伊集院静著『夢は枯野を――競輪躁鬱旅行』）。

鬱蒼《うつそう》とした杉木立に包まれた弥彦神社の境内。そこは大地の気がみなぎるパワースポットでもある。地主である神社の宮司さんもよく競輪場に顔を出しているという。

場内片隅に「弥彦神社競技場」の石碑が立つ。１９１９（大正８）年に完成した日本で初めての４００メートル・トラックだった。この由緒ある陸上競技場を、村の有力者らが会社をつくって神社から借り受け、競輪場に転用したのだ。

１９５０年４月に、全国29番目の新潟県営競輪として始まった。ところが３回開いて赤字だったため県が撤退、それを村が引き継いだ。村営競輪が始まったのは、翌51年５月からだった。

競輪場の全景写真を撮ろうとしたら、ロープウエーで弥彦山頂に登るしかないといわれた。標高６３４メートル、東京スカイツリーと同じ、とポスターにあった。

東京ドームに眠る走路

日本初の２５０メートル板張りバンク「伊豆ベロドローム」で２０１１年10月29日土曜日、「トラックパーティー」が開かれた。バンクの内側でお酒やグルメを楽しみながら自転車レースを観戦する。ヨーロッパではお馴染みの人気イベントだという。

実際にその模様を目の当たりにすると、華やかさと、間近を走る自転車のスピード感にシビれる。こんな楽しいパーティーを東京都心で催したら、もっと盛り上がるのではないかと思う。

そこで思い出したのが、東京ドームに眠っている板張りの走路である。グラウンド下にバンクが納められているのだ。52ブロックに分割されて。人工芝を巻き上げて、8〜9時間かけて組み立てると、1周４００メートルの自転車競技場ができあがるという（「都政新報」編集部編『後楽園競輪の復活はあるか』都政新報社）。

「東京ドームで競輪を再開したい」。石原慎太郎知事が都議会で表明したのは、２００３年6月だった。地元文京区が反対するなどで実現のメドは立っていないが、トラックパーティーのようなイベントなら問題ないのではないか。

日本初の屋根付き球場・東京ドーム「ビッグエッグ」が完成して30年余り。日本一の売上と入場者数を誇った後楽園競輪場の跡地に建てられたことさえ知らない世代が増えた。改めてその歴史をひもといてみたい。

日本初の競輪を行った小倉市が、国体のためにつくった自転車競技場を競輪に転用したように、後楽園競輪場も、第４回東京国体の自転車競技を終えた翌日、１９４９年11月３日に第１回都営競輪を開幕した。

『後楽園スタヂアム50年史』（後楽園スタヂアム）によると、小倉競輪の成功で、多くの自治体が競輪に独自財源を求めた。都内では月島や羽田も競輪場建設に名乗りをあげたが、結局都議会で文京区に決まった。

しかし、文京区では８０００万円以上にのぼる建設費を工面出来ないことなどを理由に、株式会社後楽園スタヂアムに建設を委託、後楽園スタヂアムは資本金１億円を２億円に増資して建設にあたった。

当時文京区長だった井形卓三が「当時の特別区制は貧弱な財政でしたから、なんとしても開催させたかった。賛否両論あってまとめるのが大変でした」と、後楽園競輪開催までの苦労を『後楽園スタヂアム50年史』で語っている。その中で井形は競輪の法的根拠「自転車競技法」の法案を国会に提出した林大作とは、旧制八高（現・名古屋大）以来の友人だったことを明かしている。林は「競輪が盛んになるには、まず後楽園競輪の人気」といっていたという。プロ野球の巨人軍同様、競輪人気も後楽園から全国に普及したといえる。

１９５０年11月20日付『スポーツニッポン』紙に〈背中合わせの超満員〉という記事が載っている。後楽園球場はプロ野球で満員、お隣の競輪場も人、人、人というキャプションがついていた。どれほどの人気だったかがうかがえる。

経済の高度発展とともに、うなぎ登りの競輪人気。「競輪の聖地」は、満員で入場をお断りすることが日常となって、競輪開催広告に「早めにお越し下さい」と注意書きを入れたほど。東京五輪の前年の１９６３年にはスタンドの収容人員を４万５０００人に増設した。

売上も全国51競輪場のトップで、１９７０年は全国総売上５４４２億円の約７％を占めた。

人気絶頂の後楽園に暗雲が漂ったのは、１９６９年１月に出された美濃部亮吉都知事の都営ギャンブル廃止声明だった。結局、１９７２年10月26日のレースが後楽園競輪の最後となった。23年の歴史にピリオドを打ったのである。

後楽園スタヂアムは、都から97億円の無利子貸付（貸付期間12年）を受け、競輪場の跡地に東京ドームを建設した。完成は１９８８年３月。自転車競技の板張り走路を15億円かけて建設することは、当時社長だった保坂誠が上棟式で表明していた。

そして２００３年６月の都議会で、「東京ドームで競輪再開」を表明した都知事の石原慎太郎。「これまでの常識を覆《くつがえ》す、若者や女性も楽しめる斬新でスマートな競輪を目指す」と訴えたが、当時の文京区長は真っ向から反対した。「文の都であり、文教の区にギャンブルは許されない」と。

以後、後楽園での競輪再開の話はない。

革新知事が支えた京都・向日町競輪

２０１４年9月10日、日本名輪会カップ第33回「松本勝明賞」（優勝戦）に合わせて、京都向日町競輪場を訪ねた。不滅の最多勝記録１３４１勝の、松本勝明の名を冠にいただくレースである。

「日本名輪会」会長（当時）の松本、副会長の中井光雄、山本清治、それにグランプリ３回優勝、ＧⅠ全制覇（グランドスラム）を達成した名選手で、現在は評論家の井上茂徳の4人がイベント出演のために集まっていた。

「竹藪を開いた競輪場で、京都の街がよく見えました。地元ですから負けたくなかった。いい思い出ばかりですね、このバンクには」と松本。１９５８年に廃止となった宝ヶ池競輪場に次ぐ、京都府では2番目の競輪場だ。

向日町競輪では正月の開催終了後、選手会を代表して松本らが、仕事始めの京都府庁に当時の知事、蜷川虎三に挨拶に行くのが恒例だった。

「売上の数字を見ながら、お礼をいうのはこちらの方といって労《ねぎら》ってくれました」

蜷川は、社会党や共産党に推された全国初の革新知事であり、京都大学で経済学部長をつとめた経済学者。競輪の味方だった。

競輪に逆風が吹いて、東京都知事の美濃部亮吉や大阪府知事の黒田了一が競輪廃止をうたった時、蜷川は府議会で自民党議員の質問にこう答弁した。

「競輪は自転車競技法で認められており、弊害はあるだろうが、廃止するとますます間違いが出てくる。ギャンブルは資本主義社会の本質的なものであり、この社会に生きている以上、ギャンブルは人間の意識としてある。だから公営にして大っぴらに楽しませた方がよい」

さらに「ギャンブルはもうけようとするものではなく楽しむものであり、賭博免疫性をつくることだ。学校の社会科ででもギャンブルの娯楽性を徹底させるべきだ」と続け、最後に「できるだけ弊害が起らないよう努力して、続けていく」と述べた。

１９７１年10月の京都府議会でのこと。「美濃部さん、黒田さんはいずれ〝われ誤てり〟と思うのではないか」とも語った。心強い支援者だった。

もっとも競輪場の収益が低下していることも事実。２０１８年までに京都府の一般会計に４６４億円を繰り入れているが、京都府は２００９年に外部識者による「向日町競輪事業検討委員会」（委員長・田中敦仁関西学院大学教授）を設置した。結論は「廃止もやむなし」。しかし、とりあえず黒字の事業を廃止する必要はない、と継続されているわけである。

　１９５０年11月16日付の『京都新聞』に向日町競輪場竣工式の記事が載っている。見出しは〈名実ともに東洋一〉。１万７０００坪余りの敷地。１周４００メートルの走路は、府土木部の技師が曲線に工夫を凝らして設計したもので〈走路が非常に滑らかで走りやすいと選手が口をそろえてくれる。苦労して計算した甲斐があった〉と『土木技術』１９５１年3月号で報告している。走路内は常緑の芝生。２万人収容の観客席、投票窓口１８２、払出窓口72。〈婦人トイレまで備え名実ともに東洋一を誇る〉とあり、「婦人専用窓口」もつくった。初日の入場者１万１２７１人、売上７８６万９０００円と記録されている。

　開設１年後に１周年記念競輪が開かれ、地元の松本勝明がホームストレッチから飛び出して完勝した。

　今、走路の内側にはテニスやバレーボールに使えるコートが2面、１周２００メートルのトラックがある。１９７１年から始められた府民へのスポーツ施設の開放で利用されている。

この競輪場で、小津安二郎監督の東宝映画『小早川家の秋』（1961年公開）のロケが行われた。中村鴈治郎とその愛人役の浪花千栄子が観戦するシーンを覚えているオールドファンも少なくないだろう。

県民性に合わなかった？　廃止第1号は松本競輪

〈諏訪で「松本競輪」〉

新聞に、こんな記事が載った。

車券の売上を少しでも増やそうと、松本競輪が塩尻峠を挟んで40キロほど離れた観光地・諏訪市で場外車券を売り出したのである。1950年のことだった。しかし、売れ行きが悪く、3日間で止めになった。

松本市は人口9万人足らずの地方都市、それも生真面目な県民性の信州で、競輪のあがりを期待したのが間違いだったのかもしれない。

松本競輪はたった2年で廃止。競輪場の廃止第1号だった。

戦災都市でもない松本市に、誰が競輪を誘致したのか。「大風呂敷市長」と呼ばれた、戦後初の公選市長・筒井直久だった。自伝に、国宝松本城の再建、自衛隊誘致、信州大学本部誘致などとともに競輪場設置を実績としてあげている。女性の地位向上のため市に「婦人課」を新設するなど、革新市長として手腕を振るった。しかし、就任して４年後の１９５１年に行われた選挙で敗れている。

松本競輪は、全国10番目の登録で、１９４９年10月１日からレースを実施した。長野県競輪株式会社（資本金１０００万円、松本市が６３０万円を出資、社長は市長の筒井直久）が南松本の宮田製作所の工場跡地を買収して、１周４００メートルの競輪場を建設した。

松本市議会への説明では「半年で５７０万円の財源が浮く」皮算用で、競輪人気に目を付けた旬刊紙『信濃競輪新聞』（本社・松本市）も生まれた。

第１回市営競輪の売上は１９４０万円。ほんのわずかの黒字だったが、11月の県営競輪は売上１５２７万円で１００万円の赤字を出した。監督官庁の通商産業省（現・経済産業省）は「売上２０００万円以下では開催経費４５０万円を補塡するのも困難」と警告を発した。

翌年になっても売上低迷は続き、４月の県営競輪は２０００万円の赤字となって、県は２回開催しただけで、早々に競輪廃止を決めた。

一方、松本市は競輪振興のために「観光競輪課」を新設して、増収策を考えたのである。客寄せに競輪場でストリップショーを行ったこともある。東京からやって来たのは美浜千鳥（当時19歳）、リリー川上（当時19歳）、チェリー藤井（当時23歳）の3人で、その前夜に市議の宴席に出て、全裸で踊り、松本警察署で公然わいせつ罪による取り調べを受けた。競輪が「きょうりん」と呼ばれた時代。地元『信濃毎日新聞』は、〈広告では健全娯楽をうたっているが、競輪は「狂輪」〉と手厳しく批判した。

それならばと、次の一手が場外車券の発売だったのだろうか。資料が残っていないので、具体的なことは分からない。新聞記事には〈レース結果を臨時、定時通話で競輪場と連絡〉、〈利益は、諏訪と松本両市で二分〉とあった。

テレビも、インターネットもない時代である。電話もやっとダイヤル式になったころで、地方はまだ手回しの電話だった。市外通話は交換手を通じて申し込んだ。

「定時通話」とは、予《あらかじ》め相手の電話に繋ぐ時刻を決めた通話である。

競輪場との間に、車券が何枚売れたか、レース結果と配当の報告など、電話のやり取りが頻繁にあったはずだ。当時は、電話の感度だって悪かった。そんな悪条件を承知のうえで場外車券売場を開設したのは、どうにかして事業の黒字化をと考えた「観光競輪課」担当者の使命感だったのだろう。

松本市営競輪場の場外車券売場は諏訪市並木通りにはじめて開設されたが、見えぬ競輪では興味がそがれるのと、全国的な競輪廃止問題がたたってファンはまばら。初日12レースの売上はたった2万円という不振で係員をがっかりさせた（『毎日新聞』長野南信版1950年9月17日付）。

前節3日間の合計は、わずか5万1200円。700万円の予想を大きく下回った。

結局、松本競輪は1951年10月の最終開催まで市営13回、県営2回を開いただけで廃止となった。

松本競輪場の跡地には、市立開明小学校の校舎が建っている。

廃止第2号「眉間のキズ」と非難された松江競輪

かつて宍道《しんじ》湖の畔《ほとり》に、松江競輪場があった。

1周300メートル、走路の最大斜度（カント）48度。直線はかなり短い「スリル満点」の競輪場、と地元『島根新聞』（『山陰中央新報』の前身）は紹介した。

バンクの真ん中に池があって、朱塗りの欄干の橋が架かっていた。走路を囲んで柵が設けられ、観客の目の前で迫力あるレースが展開された。ファン本位の競輪場だったといえようか。

第1回松江競輪（1950年5月30日）の3日目に、トップを争った3選手がもつれあって観客席に飛び込み、観客4人が巻き添えで負傷する事故があった。本命・対抗が消えて、100円の車券が11万8500円の大穴となった。

◇12レースA級優勝戦（1800メートル）

①肥山利千（福岡、19歳）②吉富英二（兵庫、21歳）③神藤國男（神奈川、26歳）

単勝が2830円、複勝は460円、280円、300円だった。

柵外に飛び出した永田文男（愛知、20歳）、樽井武彦（兵庫、19歳）、人見次郎（京都、21歳）の3選手が人気だったのだろう。

〈たった一枚で十二万円
　松江競輪・幸運の主は娘さん〉

大穴を当てた主は松江市○○に住む○子さん（25歳）と報じられた。当時は実名で、住所も明かされた。今なら個人情報保護が問題視されるところだ。〈○子さんは素人判断でたった一枚買った——この車券が思わぬ幸運となった〉と伝えている。

当時の最高額紙幣・１０００円札は、この年の１月に発行されたばかりだった。

初めての競輪を終えて、車券の売上は６日間で１３９７万９４００円だった。予算では３０００万円を見込んでいたから半分以下である。当時の市の商工課長は「第１回の松阪競輪１２００万円、豊橋競輪７５０万円、福井競輪１２０万円と比べると、松江競輪のスベリ出しは好調と思う。２、３回目までは多少の赤字と思うが、４回ぐらいから目標３０００万円は突破する自信を得た」と今後の期待を話していた。

しかし、松江競輪は赤字が続き、１９５３年９月、廃止に追い込まれる。赤字額は３３８０万円にのぼり「学校を建てるという目論見は大きく外れた」と報じられた。50年５月に始まって、わずか３年だった。全国的に競輪の売上が急上昇して競馬を追い越す勢いの中で、松本競輪に次いで廃止第２号となった。

１９５６（昭和31）年から撤去作業が始まり、末次公園に生まれ変わり、さらにその西側に市役所が建った（62年）。ここに競輪場があったという痕跡はどこにも見当たらない。

なぜ、戦災都市でもない松江市に競輪の開催許可が下りたのか。熱心だったのは初の公選市長・小林誠一だった。東大政治学科卒の旧内務官僚で、島根県地方課長を３年弱務めているが、戦後松江市の助役となり、１９４７年４月の統一地方選で市長に当選した。46歳だった。

もうひとりの立役者は、社会党の代議士・中崎敏。東京商大（現・一橋大）卒の企業家で、戦後１９４６年から連続７回島根全県区で当選している。片山哲内閣時代の社会党大会で、片山委員長、浅沼稲次郎書記長とともに会計に選出された実力者だ。

松江競輪場は、日本競輪株式会社が工費３０００万円で建設した。中崎は、この会社の重役でもあり、島根県自転車振興会の理事長だった。

山陰唯一の競輪場は、この２人をはじめ関係者の努力で誕生した。人口10万人足らずの地方都市。客寄せに必死だった。

ミス競輪に野津安代（当時19歳）、準ミスに神田正子（当時17歳）、村田善子（当時17歳）を選んで、自動車３台でパレードした。

松江競輪の歌も募集した。市の広報紙で競輪を解説し、車券の買い方も説明した。

しかし、笛吹けど踊らずで、売上が伸びなかった。再選を目指した小林は、次の51年の市長選で、前市長の熊野英に敗れてしまう。

夢は急速にしぼんだ。地元出身の陶芸家・河井寛次郎は、風光明媚な一等地に競輪場を造成したことから「眉間のキズ」と怒った。そのキズは早々に消えることになったのだ。

福岡競輪が能古島に電灯を点した

〈さらばランプ生活／涙に光る電燈〉

福岡市の中心部から2キロ、博多湾内に浮かぶ離島・能古島《のこのしま》に初めて電灯が点ったのは、今から約70年前の１９５２年6月5日だった。地元『西日本新聞』に島民の興奮ぶりを伝える記事が載っている。

点灯式は、海底ケーブルの上陸地点で行われた。「ついた、ついた」と表通りをはしゃぎ回る子どもたち。各家庭からはラジオの音が流れたとある。

「冥土の土産ができました」と81歳の男性が語れば、主婦たちは「明るいもんですね。電気コンロやアイロンなど買って台所の電化もできるし、夜なべもできますから女は助かります」。ランプ掃除が日課だった子どもたちも「ランプを磨かなくてすむし、割って叱られることもなくなる」などと喜びの声で埋まっている。１３００人の島民は、親子3代の悲願達成に夜遅くまで祝杯をあげた。

まだテレビはなく、電気冷蔵庫や洗濯機も一般家庭に普及する前だった。だから台所の電化といっても現在とは比べものにならない。

能古島は、『リッ子・その愛』や『火宅の人』の作家・檀一雄（１９１２〜76）が晩年を過ごした島として知られる。「モガリ笛いく夜もがらせ花ニ逢はん」の文学碑が建っている。毎年５月の第３日曜日に、この碑の前で「花《か》逢忌《ほうき》」が開かれる。長女で女優の檀ふみが訪れることもあるという。

島の東北岸には、残島《のこのしま》灯台がある。初点が１９５３（昭和28）年12月だから、海底ケーブルの恩恵に浴している。

この電化事業の総工費は１３１０万円だった。これがどれほど巨額だったか。はがき１枚５円の時代である。その年度の福岡市の予算記事を見ると、「二部授業解消問題は20教室増設のため２０００万円を計上したが、小、中学合わせて２２４学級の不足を補うには焼け石に水の形だ」、「保健衛生では、全国一の結核都市フクオカの汚名返上のためレントゲン自動車２６０万円がヤッと登場」などとある。

敗戦後７年――。日本の国全体が貧しかった。福岡市は、能古島電化の財源を競輪に求めた。能古島の住民と福岡県が各３００万円、九州電力が３１０万円を負担した残りの４００万円である。

そのための特別競輪は１９５２年２月22～24日、29日～３月２日の６日間で行われた。主催者の福岡市は、車券の売上の目標を２億円に設定した。

〈福岡市能古島電化の実現を期すため、福岡市が全力をあげて企画した市営福岡競輪第一節は、日本競輪ダービーの優勝レースに出場したＡ級の上位選手ほか72名、女子Ａ級選手36名と、映画てんやわんやに出た四国の〝闘牛〟をアトラクションとして（中略）春の競輪場に白熱戦のスリルが展開されるが（後略）〉

開催前日の２月21日付の『西日本新聞』夕刊の記事だが、闘牛が市内の目抜き通りをパレードする写真も載った。当時、四国宇和島の闘牛は、作家・獅子文六の小説『てんやわんや』で取り上げられ、映画化もされた。そのうえ作家・井上靖の『闘牛』が芥川賞を受賞して、闘牛ブームが起きていた。

福岡市は「春の競輪と伊予闘牛大会」の新聞広告を出して、宣伝につとめた。

出場選手の顔ぶれもスゴイ。初代ミスター競輪・山本清治、通算１３４１勝をあげた松本勝明など、当時のトップ選手が勢揃いした。

女子競輪も花を添えた。

その結果、6日間の売上は1億2238万円にのぼり、1950年4月に福岡競輪場が開設されて以来最高を記録した。目標2億円には届かなかったものの能古島電化の400万円は充分確保された。

零細農家がほとんどの島の人たちも、爪に火をともすようにして地元負担金を拠出したが、当時島の電化推進副委員長をつとめた西方喜平（当時、能古郵便局長）の回顧談が残っている。

「〝闘牛競輪〟と銘打った特別競輪が大当たり。ポンと400万円を出してくれたときはうれしかったね。私たちは競輪に全然行ったことのないものまで行ってネ。この時ばかりは競輪のありがたみが沁々と判ったネ」（電化9年後の『競輪九州』1961年9月号）

福岡競輪場は、その年の4月に全国女子競輪選手権を開くなど売上をさらに伸ばし、西鉄「競輪場前駅」（現・貝塚駅）も出来たが、公営ギャンブル廃止のうねりで10年後の1962年に廃止となった。

その跡地は、貝塚公園（福岡市東区箱崎）になっている。1周630メートルあるゴーカートが子どもたちに人気の交通公園でもある。

立川競輪場に吹き始めた風

優勝賞金１億円。毎年その年のトップ選手９人が競う、暮れ（12月30日）の「ＫＥＩＲＩＮグランプリ」は、１９８５年、立川競輪場で始まった。

「場内が混雑して、車券を買うのもひと苦労。お客さまの熱気で、場内を歩くのが怖いくらいでした」

グランプリ人気を当時の職員はそう証言する。第１回ＫＥＩＲＩＮグランプリを制したのは、世界選手権９連覇中の中野浩一。優勝賞金は１０００万円だった。

競輪場はまさに超満員。スタンドのテッペンまで観客で埋まり、スタンドの柵の外側まで鈴なりの立見客という写真が残っている。

最高売上は１０６億４７７０万円。１９９６年に記録した。１レースの売上である。

賞金が１億円になったのは２００４年の第20回からで、小野俊之（大分）が獲得した。

「競輪ほど男らしいスポーツはありませんよ。賞金１億円を現金で持ち帰れるのですから」と言ったのは、ＪＫＡの元会長の下重暁子だ。

賞金は現金で用意される。もっとも最近はそのまま銀行に振り込んでしまうので、「１

００円札を弁当箱に詰め込んで持ち帰った」（松本勝明）というのは過去の話だ。

立川競輪が始まったのは、１９５１年。70年近く前だ。

〈第一日は先ず先ず上々
　立川競輪、多い素人の入場者
立川競輪第一日二十六日は午前十時出場全選手によって消防庁音楽団吹奏裏に入場式を挙行、同三十分第一レースを発走したが、一着高橋邦雄、二着逆井敏雄、三着河西利夫で、一等単三百六十円、連六百八十円、複八百円（総売上げ二十二万八千八百円）。第一回から早くも穴らしいものが出たため、場内はざわめき出した〉

〈第一日の総入場人員は六千五百五十八名で売上総額千九十一万千五百円、払い戻しの最高は六レースの連勝千五百円であった〉

　これは10月27日付『毎日新聞』東京都下版の記事である。

　全国に次々と競輪場が作られていった昭和20年代。基地を中心に産業復興が進み、街の活気も次第によみがえりつつあった立川に、全国で59番目の競輪場が誕生した。

競輪の収益金は市の一般会計に繰り入れられ、市民体育館、福祉センター、中央図書館、小中学校の校舎や体育館、ごみ処理施設、立川駅周辺や基地跡地地区の市街地の整備、上下水道事業などに活用されることとなった。

しかし車券の売上は、レジャーの多様化や競輪ファンの高齢化などで伸び悩み、一般会計への繰出額も１９８９年度の78億円をピークに減少。２０１９年度には１億円まで落ち込んでいる。

この状況を好転させるため、立川競輪ではさまざまな戦略を打ち立てた。まず２０１６年、メインスタンドを中心としたリニューアルを行った。このとき空地となった第４スタンド跡地には、無料で入れる緑地スペース「市民の丘」を造成。以来、近所の子どもたちが遊び、親子連れが集う格好の場所となっている。

地域に開かれた身近な存在となることをアピールするため、競輪選手と一緒にバンクを走るイベントなども開催した。また、テレビドラマのロケにも使われ、さらに知名度がアップした。

２０１９年12月30日。「令和」になって最初のＫＥＩＲＩＮグランプリが、立川競輪場で３年ぶりに開催された。このレースが立川競輪場で開催されるのは20回目（開催中止を除く）。最終日の観客数は１万人を超え、以前は少数派だった家族連れや若者、女性の姿が多く見られた。最終レースでは、オリンピックメダル候補のナショナルチームのメンバーが優勝すると目される中、出場選手中最年長の佐藤慎太郎が制し、賞金1億円を獲得した。43歳1カ月でのグランプリ優勝は、山口幸二（岐阜）の43歳5カ月に次ぐ歴代2位の記録である。

こうした話題も手伝って活況を取り戻しつつある立川競輪。ファン層の広がりは収益の増大と比例し、それは地域や社会への貢献と直につながる。今後もさまざまな新企画を展開していく模様だ。

函館、明治32年の自転車レース

北の大地に待望の春がやって来る4月、函館競輪のレースが始まる。冬の間は、市民スケート場として使われている。

競輪場は２００３年4月に、約57億円かけて全面改修した。館内分煙、冷暖房完備。4基の照明灯がついた日本初のナイター競輪場。2階のテレシアターは２４０インチの大型画面を備え、３２０席ある。

２０１０年には、車券をＩＣカードで買う、キャッシュレスシステムを導入した。入場客は首からＩＣカードを提げている。

一般観覧席の入場は無料。入るとすぐに、ＩＣカードを発行する受付がある。免許証など本人を確認できるものがあれば、その場で入会できる。ｅスマートカードに、銀行のＡＴＭ同様の機械で入金すれば、準備完了だ。

車券は、専用機にカードをタッチし、マークシート方式の投票用紙を入れると、画面にその内容が表示される。ボタンひとつで車券を買うことができるのだ。的中した場合、専用機にカードをタッチすると、画面に「当たり」の表示が出る。次のレースを買ってもよいし、即現金化も可能だ。

いかに人手をかけないか。金銭のやりとりなど、すべてを専門業者に任せた最新式の経営である。日本最北の競輪場は生き残りに必死なのだ。

開場は１９５０年６月29日。当時の地元紙『函館新聞』を調べると、面白い話題が載っていた。

〈市は戦災復興の財源に飛びついたのだが、函館で最初の自転車レースが行われたのは１８９９（明治32）年〉と、戦前、４年連続チャンピオンになった荒木賢吉（当時、大沼電鉄社長）が証言している。現存する日本最古の野球クラブ「函館太洋《オーシャン》倶楽部」は１９０

7年設立だから、それより8年も前のことだ。荒木によると、函館市内には自転車屋が二十数軒あって、各店は輸入自転車の宣伝に1人か2人の選手を抱え、30人ほどで選手権をしていた。コーナーはスリバチ状ではなく、平坦だったからスピードが落ちた。最終周回を知らせる鐘を聞くと、猛然とペダルを踏んだという。「ジャン」は競輪が始まる前からあったのだ。

新聞に荒木の写真は載っているが、年齢も、いつ優勝したのかも書いていない。戦前の話であることには間違いないのだが。

初開催は大成功だった。〈4千人の観衆熱狂〉、〈熱狂！　雨も蒸発？／ますます快調の市競輪〉、〈1万5千円の大アナ〉などと報じられた。

女子競輪も行われていて、当時の記事には〈女度胸はこわいもの〉、〈しんがり組でも月に3万〉、〈デブでお転婆が第一条件〉といった記述も。今ならセクハラで問題になりそうな表現も見られるが、選手は自転車屋の娘さんが一番多く、農村恐慌にあえいで一家を支えるべく選手になったという「ミス競輪」も交じっている、とある。

北海道にはもうひとつ月寒《つきさっぷ》に札幌競輪場があったが、１９５８年に廃止された。函館競輪は、道内の唯一の競輪場。これまでに市の一般財源に繰り入れたのは約２９１億円（２０１８年度決算まで）にのぼる。

売上増に知恵を絞るのは他の競輪場同様だ。「サマータイム競輪」と名付けた薄暮競走、それを１９９８年からナイター競輪にした。全国で初めての試みだった。

競輪場のリニューアルもその一環だった。

北海道新幹線が２０１６年に開業し、首都圏とは4時間余でつながった。函館港若松埠《ふ》頭《とう》は、４万トン級の大型客船が接岸できるように整備され、更に11万トン級の船が接岸できるような整備も進められている。市街地にほど近い空港では海外からの直行便の増便を図っている。周辺のインフラは着々と整いつつある。函館競輪は、今後は国内だけでなく、インバウンドを含めた観光客を誘致すべくＰＲを展開していくと意欲的だ。

場外車券の発祥は住之江競輪

大阪市の住之江競輪は、初の競輪・小倉競輪が行われた21日後に開催された。全国で２番目の開催である。

初日は1948年12月11日だった。「一番乗り」を目指して準備していたが、福岡国体と合わせて進めた小倉に先を越された。

大阪府下には自転車メーカーがいくつもあった。大阪人の新しもの好きも手伝って、初日の入場者は1万2800人にのぼった。車券の売上は581万円。小倉の初日の売上303万8100円を遥かに超えた。

そのうえ小倉にはない「初の試み」がいくつもあった。

まず連勝式車券を初めて売り出したことだ。単勝、複勝に加えて、よりギャンブル性の高い車券の導入だった。連勝式の人気は高く、〈大ざっぱにわければ連勝式五、複勝式三、単勝式二の割合い〉だった（『競輪十年史』）。

車券を1枚50円とした。小倉は1枚100円だったから半額である。金銭にシビアと言われる大阪人に合わせての措置だったか。

翌春3月12日からは、場外車券を売り始めた。その模様を『産経新聞』が伝えている。

〈競馬の場外券発売に先立って車券の売上増加と宣伝をかねて阪神ビルで場外車券の売出しを始めた。競輪場へ行かなくてもスリルが味わえるわけだ〉（1949年3月13日朝刊）

車券の種類は単勝式と複勝式で、1枚100円。正午までは5〜11レース、正午から午後1時半までは8~11レースを発売、1~4レースと、最終12レースは除外した、と競輪記者50年の井上和巳（現在、85歳）が解説してくれた。井上は、『デイリースポーツ』紙にコラム「狙ってみるか」や「バンクのつぶやき」を連載、『月刊競輪』（JKA発行、２０１２年にウェブサイトへ移行）の常連筆者だった。

売場は、大阪駅近くキタの繁華街・梅田につくられた。レースがある住之江競輪場は大阪市の南端、堺市との境にある。その間直線距離で10キロあまり。今ならパソコンで瞬時にデータが送れるが、場外で売れた車券の発売明細表は、オートバイで運ばれた。

何故電話を使わなかったのか。競輪用に電話架設が認められなかったというのだ。終戦直後、電話事情は最悪だった。〈当時の通信事情（競輪用に電話架設は不許可→借り電話で本場と連絡）も交通事情（発売明細表を本場へ運ぶバイクが故障続出）も悪く、雄図むなし、短期間で閉鎖したのは惜しまれる〉と『近自競二十五年史』（近畿自転車競技会）にあった。アイデアはよかったが、通信に手間がかかり、場外車券は長続きしなかった。

住之江競輪は、実績を残したものの、時代の流れで16年の歴史に幕を閉じた。東京オリンピックが開かれた１９６４年の5月12日が最終日だった。

開催記録が残っている。開催日数１０２３日。入場人員９１５万５０７７人、車券売上

３１３億２５３１万円。その収益は31億円余にのぼり、大阪府をはじめ大阪府五市競輪組合の池田、高槻、守口、枚方、茨木をはじめ、堺、豊中、八尾、寝屋川、河内長野などの計18市の公共事業に寄与した。

例えば、堺市の堺東バスセンター、モデルスクールの陵西中学、大浜公園プール、東百舌鳥公園、鳳北町《おおとりきたまち》の市営住宅、豊中市の豊中病院、鉄筋造の市営住宅、老人ホーム（永楽院）などの建設、八尾市の大正・成法各中学の増改築、山本・久宝寺・龍華《りゅうげ》・南山本各小学校の新築・増改築、寝屋川市の市立第一・二中学、各小学校の増改築、市道の道路舗装などといった具合である。

競輪廃止となる最後のメーンレースが始まる前に、主催者を代表して大阪府五市競輪組合の事務局長・小川格（池田市）が、お別れの挨拶を場内放送で行った。「愛妻よ、愛児よ、さようなら！」。声涙ともに下る感動的な内容だったという。

「さようなら、住之江競輪場！

我悪妻たる愛妻は、よく稼いでくれた。

我都市に不足していた学校が建った。

どろんこ道がアスファルトの道路となって縦横に走った。

老人のための安楽荘も幾つか造ったぞ。有難うよ」

コマツシマ競輪は海抜0メートル

今から70年前の１９５０年7月、第1回小松島競輪が開かれた。市に移行する前で、町営競輪だった。当時の新聞を調べると、その熱狂ぶりが伝わってくる。

〈競輪の街・コマツシマ
歓声、殺気の交錯
乱舞する２００万の札束〉

『徳島民報』（のちに『徳島新聞』に吸収される）7月16日付。裏表２ページの新聞（ペラと呼んだ）の２面トップで大々的に報じている。満員の観客の前で展開するレース写真も載っている。

〈穴場こと車券売場は押すな押すなの有様。ハンドバッグ片手の娘さんがいさましく札ビラを切り（中略）マイクはしきりに「車券を買わねば競輪の妙味は分かりません」と人々に投機心を呼びかける〉と続け〈狂輪の曲ブギウギ調である〉と結ぶ。笠置《かさぎ》シヅ子の「東京ブギウギ」が大ヒットしていた。

初日の入場者４９００人。売上２１１万１４０４円。

最終日に９万９４３０円の大穴が出た。〈手がブルブル……幸運の４人〉と『徳島民報』の見出し。このうちの１人は松山市の誰々と実名入りだ。

町は２０００万円を投資して、海岸沿いの埋立地に５００メートルの走路とスタンドなどの施設を建設した。競輪を誘致した町長の西岡喜平（のち初代小松島市長）も順調な滑り出しにご満悦で「競輪を通じて徳島県の産業経済の発展に資したい」と述べている。

海が荒れると、競輪場はモロに波をかぶる。開場したその年の9月3日、ジェーン台風に襲われた。穴場（車券売り場）の屋根は、ペチャンコにつぶれ、場内は膝上まで浸水した。海抜0メートルなのである。今でも、台風時には、高波に飛ばされた魚がバンク内に飛び込んで来ることがあるという。

かつて小松島は、四国の玄関口だった。大阪・神戸港と船便で直結していた。紀淡海峡を挟んで和歌山市は目と鼻の先だ。

しかし、交通網の整備で旅客や物流のルートが変わり、日本一短い鉄道だった小松島線（1・9キロメートル）は国鉄分割民営化の前に廃線になった。

人口4万人余りの過疎の町。１９８９年1月、4代目市長に就任した西川政善は、財源確保に「競輪は宝の山ではないか」と考えた。

「新幹線で隣の男性が読んでいたスポーツ紙に小松島競輪の結果が載っていた。タダで全国に広告できるんだ、と思いました」

すでに一時の熱狂的な競輪ブームは去り、競輪の収益からの一般会計への繰入金は、６年間ゼロが続いていた。

西川は「ふるさとダービー」（GⅡ）の誘致に全力をあげた。バンクを拡張して９車立てのレース（それまでは８車立てしか走れなかった）を可能にするとともに、選手の宿泊施設として６階建てビルを新築、最上階にはサウナ風呂もつくった。

そして１９９４、95年の２年連続で「ふるさとダービー」を開催した。

２年目の95年に記録した１レースの最高売上29億３３００万円は、現在まで破られていない。西川は優勝者の滝澤正光に賞金１１００万円を贈り、「競輪を地場産業のひとつとして売り出し、収益金を教育・文化・福祉等の向上に当てたい」と語った。

しかし、「ふるさとダービー」は２００８年11月広島での開催を最後に中止になっており、もはや夢の数字である。

競輪文学散歩❻「人間」の造形

山の中に競輪場あり、といった風情の伊東温泉競輪場には、妙に懐かしい感じが漂っていて、「競輪文学散歩」にふさわしい、いささか古風な叙情的な「文学的雰囲気」が流れている。

「鯖味噌煮定食５００円」などの値段表が風にそよいでいるかげから、かつて伊東に暮らしていた「無頼派」の作家、坂口安吾がヒョッコリ姿を現しそうな気配もする。

昭和25（１９５０）年オープンの時代の名残があちこちにあるのだから、これはもう「文化遺産」ではないか。

同競輪場の山本静雄は、競輪界の長老である。「判定」に不満の観衆がドッと乱入しないように本部の通路は狭くしてある、などとユーモアまじりに昔語りをしてくれた。

その背後にふと目をやると、『本朝食鑑』『三国史記』『東アジア民族史』『中国民衆叛乱史』など、名高い「東洋文庫」のただならぬ書物が並んでいる。

「ヒマだからね、ワハハ、『アラビアンナイト』もみんな読んだ」

ヒマつぶしに読める軽い本ではない。読書家であり、ソッとボランティア活動も、というウワサも耳にした。

往年の「シュトゥルム・ウント・ドラング」（疾風怒濤）の時代が育てたに違いない深みのある人物である。これすなわち「競輪文学散歩」にふさわしい人物との出会いであると感じいった。

となれば、たとえば予想屋がじつは僧侶だったなんていうことも、この世界ではけっして突飛なことではなかろう。

僧侶で直木賞作家、寺内大吉の小説『競輪上人随聞記』（講談社）がまさにそれで、競輪の予想屋になって競輪場で説法するようになった僧が主人公だ。

寺内自身、ボクシング、プロレス、競輪に詳しく、ことに競輪予想は、緻密な統計と鋭い勝負勘でプロ級といわれていたから、まあ自分を主人公にしたようなものだ。

正しい競輪道を亡者どもに説いてやらないと、あがきのとれぬ泥沼に引きずりこまれてしまうからな、と「競輪上人」は厳《おごそ》かにのたまうのである。

伊東温泉競輪場では、残念ながら霊験あらたかな「上人予想屋」には会えなかったので、場内のお稲荷さんにお賽銭を捧げて「競輪文学」に未来あることを祈っておいた。

第７章　変わりゆく競輪

ガールズケイリンが始まった！

１９４９年に始まった「女子競輪」は、しばらくの間、珍しさや華やかさもあって大いに人気を博し、女性の新しい職業としても脚光を浴びていた。

しかし、１９６４年には廃止となり、15年の歴史に幕をおろしたのだった。理由は、選手間の実力に大きな差がついてしまい、どのレースも順位がほぼ同じで賭けの妙味がなくなった、つまり車券が売れなくなったということである。

２０１２年、それから50年近くを経て、女子競輪が復活しようとしていた。

２００２年の世界選手権で女子の「ケイリン」が正式種目となり、２０１２年のロンドン五輪からは「女子ケイリン」として正式に採用されるなど、自転車競技としての強化も

ガールズケイリンのレース光景

視野に入ってきたのだ。

ただ、２度目の〝廃止〟は許されない。ファンが高齢化し、時代は変われど競輪を取り巻く環境はほとんど変化していない中での、女子競輪の復活である。リスクは極度に高く、リターンは濃霧の中……といってもいい難儀なプロジェクトであった。

そんな勝算の見えない賭けに打って出たのが、当時、ＪＫＡ会長だった下重暁子である。

下重は作家で、元ＮＨＫのアナウンサー。そんな彼女に２００５年、日本自転車振興会（現・ＪＫＡ）から会長就任の打診があった。競輪に全く縁がないわけではなく、初めて訪れたいわき平競輪場での光景を書いたエッセイが縁で、日本自転車振興会の運営委員を務めていたのだ。いわき平競輪場は、今も「競輪の原風景」という。

「粉雪の降る寒い日でした。競輪場のスタンドには、オジさんたちが、お世辞にもきれいとは言えないジャンパーの背中を丸め、手をこすり合わせながら座っている。その視線の先には、白く煙るバンクを駆ける色とりどりのユニフォーム、鳴り響くジャン、ゴールに走り込む選手たちのスピードと迫力。そして、吹雪のように舞う外れ車券。なんて奇麗な風景だろうと思いました」。

会長への推薦について下重は「まさに青天の霹靂《へきれき》でした」と振り返る。「だいたい私は群れることが苦手な人間です。それが組織の長だなんて……」。数カ月悩んだ末に受諾。こうして初の女性、しかも民間から第12代会長が誕生したのだった。

会長職に就いてしばらく経った頃、参議院議員の橋本聖子が、下重のもとを訪れた。

橋本は、スピードスケートで１９８４年のサラエボ、88年のカルガリー、92年のアルベールビル、94年のリレハンメルの冬季大会に連続出場し、アルベールビルでは日本人女子スケート競技初の銅メダルを獲得している。

その一方、88年のソウル、92年のバルセロナ、96年のアトランタの夏季３大会には、自転車競技の日本代表として参加した。この稀有な経歴を橋本は〈スピードスケートと自転車は使う筋肉が似ているため、スケート選手は夏のトレーニングメニューに必ず自転車を取り入れます。また、世界的には、スケートのチャンピオンが自転車に転向したり、夏冬両方で活躍したりといったことは、珍しくありませんでした。私も挑戦してみたいという気持ちは、サラエボ以前からのものでした〉（「橋本聖子公式サイト」）と語る。２０１３年から19年には日本自転車競技連盟会長も務めるなど、自転車との縁は深い。

下重との話の中で「自転車の女子アスリートたちの走れる場所がない」と橋本が訴えた。男子は選手資格を得れば、競輪で収入を得ながら世界選手権やオリンピックも目指せる。しかし女子には、高校、大学と自転車競技を続けたとしても卒業後の受け皿がないのだ。

下重の脳裏に「女子競輪」の４文字が浮かんだ。

だが、当時の競輪界は、「以前の女子競輪の二の舞になる」と猛反発。ほとんどの関係者が反対する中、下重はしかし、引き下がらなかった。

手始めに、２００８年から３年かけて女性自転車競技選手を集結させ、マーケティングリサーチを兼ねたエキシビションレースを全国の競輪場で開催。反応を見てから、競輪学校へ女子１期生を送り込み、その後プロデビューさせる……というのが、女子競輪復活のシナリオだった。エキシビション用に「ガールズケイリン」という呼び名が付けられた。

女子競技者のスカウトをはじめエキシビションレースや「ガールズケイリン」創設に関

わったＪＫＡの山本竜朗は「競技者を確保するのでさえ、ひと苦労でした」と当時を振り返る。

「まずは全国の競輪場でエキシビションレースをやらせてもらって、女子競輪復活に何が必要でどういう問題があるのか、実際の現場で探り、解決しながら形作っていったという感じですね。

お客さまの抵抗感ももちろんありましたが、それよりも凄まじかったのは現場（競輪場）の拒否反応。それまで44年間、男だけの世界でうまくやってきたわけです。そこに、いわば〝異物〟が入ってくるわけですよね。競輪場のどこで着替えさせるのか、トイレはどうするのか……から始まって、女子が入ると男子が疎外感を感じるようになるんじゃないか……とか」

「女なんかバンクに入れるな！」

「女が走れんのか!?」

２００８年７月から９月まで行われたエキシビションレース「サマービーナスシリーズ」でのこと。バンクに向かう選手、岡希美の背中をザラついた野次が刺した。

それまで〝男の聖地〟だった競輪のバンクに、突如カラフルなユニフォームに身を包んだ女子選手が現れた。「頑張れ！」の声援ももちろんあったが、困惑と拒否反応が競輪場を支配していた。

「私たちはアマチュアの自転車競技選手の寄せ集めでプロはおらず、経歴も実力もみんなバラバラ。本当に大丈夫なのかな……と、正直言って思いました」と、現在はＪＫＡ職員である岡は当時を振り返る。

さらに現場スタッフを悩ませたのが、ガールズケイリンで採用することになったオリンピック仕様のカーボンフレームの自転車だ。

「男子が使用しているクロモリフレームは、ひびや歪み、凹みが目で見えるし、問題があった時の解決法が確立されているんです」と山本は言う。これまでの経験値がまったく活かせない、未知の自転車をどうやって検査するのか。「事故が起きたらどうするんですか!?」と詰め寄られたこともある。事故はギャンブルの世界であってはならないことだ。

「彼らが慎重になるのもよくわかります。カーボンフレームの自転車は、専門のメカニックがチェックすることにしました」と、山本は当時を振り返る。

「君たちは新しいお客さまを競輪場に呼び込むために、走るんだ」

　山本はつねづね「ガールズケイリン」参加選手たちに、こう言っていた。それは買った車券が無駄にならない選手になること、その上で親しみやすくて、人としての魅力を持った選手になることを意味した。それによって、同世代の若者やあるいは家族連れが気軽に競輪場へ遊びにくるようになるのではないか。ガールズケイリンは、競輪場が利益を得なければ成り立たない。そこが何よりも大きなプレッシャーだった。

「競輪場の最寄り駅で、選手たちと『明日、走りますので観に来てくださーい』とビラ配りをしたこともあります。それまでは競輪の選手をお客さまの前に出すことはしなかったのですが、ガールズケイリンではそれをあえてやったんです。競走の後には『ありがとうございました』と、選手によるお客さまのお見送りも。『頑張ってな！』『また来るよ！』という応援に混じって、『お前を応援してたのに負けちゃったな！』と叱咤されることもありましたが、みんなよく一緒に走ってくれたと思います」

「エキシビションが始まって2年ぐらい経って、ようやくレース中に『頑張れ！』って声が耳に入ってくるようになりました」と言うのは、当時選手だった近藤美子（現・JKA職員）。「ちなみに今では、ガールズケイリンが開催される日は競輪場での〝出待ち〟が一気に増えるんですよ」と続けた。

２００９年10月、まだエキシビションレースでコツコツやっている最中のこと。スポーツ紙の一面に突然、「女子競輪が復活」の文字が大きく躍った。ＪＫＡ内部でも真偽を確かめるほどだったが、じつは下重が仕掛けた作戦だった。

「強行突破。発表しちゃえば、なんとかなるって私は考えました。第一、ここで決めなきゃ、女子のケイリンが正式種目となるロンドンオリンピックに間に合わない」

とはいえ、ガールズケイリンの旗揚げは１年先と考えられていただけに、競輪界には激震が走った。

「常識的には無茶とも言える私の作戦に、当時のスタッフたちはよく応えてくれました。寝る間もないほど、奔走したはずです」と下重は述懐する。

この後、ガールズケイリンの認知度と人気が上がり、２０１１年5月には35人が、第１期生として競輪学校に入学、10カ月後には資格検定合格者33人が卒業した。この時行われた卒業記念レースで優勝したのは加瀬加奈子（当時31歳）、２着は在校成績トップの中村由香里（東京。当時31歳・大阪教育大出身・元教員）、３着となったのは最年少の小林莉子（東京。当時18歳・東海大菅生高出身）である。

大急ぎで募集した1期生たちは、年齢、プロフィールともに多士済々だった。在校成績3位の中川諒子（当時27歳）は早稲田大学のウェイトリフティング部出身、田中麻衣美（当時29歳）はモデルからの転身だ。最年長の選手として話題になった高松美代子（神奈川）は当時49歳、成人した2人の娘が応援してくれたという。

そして２０１２年7月、ガールズケイリンは、平塚競輪場でデビューを果たしたのである。

「今まで見たことのない層のお客さまも含め、満員御礼でした。さすがにちょっと泣きました」（山本）

２０１９年12月現在、登録選手は１３６人。２０１２年のスタート時の開催に手を上げてくれたのは平塚、松戸、京王閣の3場のみだったガールズケイリンは、今や、全国の競輪場から〝引っ張りだこ〟になっている。

１９４８年の元祖女王

ここでかつての女子競輪がどうだったのか、振り返ってみよう。

女子競輪は、競輪の始まった１９４８（昭和23）年11月20日の小倉競輪でオープンレースとして行われた。車券が売られたのは、翌49年6月22日の西宮競輪からだった。

最初の小倉競輪はたった4人の出走だった。登録番号1番の小橋トシ子（23歳）と同2番の秋重敏子（21歳）。応募はこの2人だけで、あとの江利口恒子（28歳）と米谷茂子（19歳）は自転車振興会連合会事務局から駆り出されたらしい。スタートの写真が新聞に載っているが、ブレーキが付いた実用車である。

西宮競輪第5レース（900メートル）は、6車立て。1着賞金は5000円だった。100円札が最高額紙幣の時代である。

1番車・高木ミナエ（16歳、岐阜）　2番車・前村　清子（26歳、福岡）
3番車・山口　良美（19歳、岐阜）　4番車・歌丸　君子（33歳、熊本）
5番車・藤原　光子（18歳、兵庫）　6番車・平野　雪子（32歳、福岡）

初出走の山口が1分39秒3で、1番人気の平野を破った。配当は単勝1380円、複勝240円、120円、連勝3980円の中穴だった。

女子競輪の選手は、最大６６９人にのぼった（１９５２年10月）。戦争未亡人が幼子を抱え、一方で中学を卒業した15、16歳の少女が働き口を求めた。敗戦後の貧しい日本――。ガールズケイリンのファッショナブルな選手たちとは、雰囲気が全く異なる。

阪神甲子園球場近くに住む元女子競輪選手の安田利津子に話を聞いたことがある。選手登録名は「松下五月」。松下は結婚する前の旧姓、五月は５歳上の姉の名前だ。「16歳以上の年齢制限がありました。当時夙川《しゅくがわ》学院の中学生で、15歳でした。鳴尾競輪場で叔母の食堂を手伝って、女子競輪に憧れました。兵庫県は選手募集を終えていて、奈良県まで行って選手登録をしました」。

一緒に登録した選手に、後に競輪女王となる田中和子がいた。登録番号４０４と４０５。「田中さんも同じ西宮市内に住んでいたんです」。

デビューは２人とも１９５０年９月11日の取手競輪。明朗乙女競輪と銘打って、全レースが女子競輪だった。「農業をしていたウチの父親が引率。宿舎も親と一緒でした。私は２着、２着、１着。田中さんは１着、３着、落車。父親は賞金の紙幣を束にして腹巻きに押し込んでいました」。

当時、東京―大阪間が特急「つばめ」で８時間かかった。少女選手２人を脇に、父親

田中和子選手

（当時43歳）のしたり顔が目に浮かぶ。

その直後の9月15日、競輪自粛声明が発表された。2カ月間の中止。鳴尾競輪場の騒擾事件に伴う措置だったが、「ショックでしたね。初レースで中止ですから。いまでも当時の通産大臣の名前を覚えています」と安田。

選手の再教育のための日本サイクリストセンターが、この年の9月29日に開校した。女子605人の訓練は、男子5674人に続いて行われた。女子の第1回生239人の入校が1951年2月14日で、15日間の合宿訓練だった。

検定の基準タイムは1000メートル1分50秒以内、2000メートル3分50秒以内。現在では、ガールズケイリンの制限タイムは1000メートル1分27秒以内だから、レベルが違う。

自転車の分解・組立の技術検定のほか、学力検定もあった。「朝鮮戦争当時だったので、『38度線とは何か』という問題が出ましたよ」。

田中は1952年をはじめ何度も賞金女王になっているが、安田も53年80万8950円、63年89万7900円で「獲得賞金ベスト10」の9位に食い込んでいる。

安田は結婚後も女子競輪が廃止になるまで続けた。

一家の重荷を乗せて走った

場外に人があふれる競輪場。お隣でプロ野球が行われている後楽園球場のスタンドは閑古鳥が鳴いている。

こんな航空写真が『アサヒグラフ』に載った。競輪が始まって2年足らず。１９５０年8月2日号である。新聞広告に「満員の際は入場をお断りすることもあります」とうたうほど競輪人気は過熱していた。女子競輪は、そんな爆発的な人気の中で行われていた。

歴代の女王を見てみよう。競輪ダービー（全国争覇競輪）に女子の部が設けられたのは、女子競輪が始まって4カ月後の49年10月の川崎競輪で、だった。

初代女王は、高木ミナエ。16歳の少女である。当時、女子の登録選手は５８２人。その頂点に立って、翌年も制したが、３連覇は黒田智子（19歳、福岡）に阻まれた。高木が突然引退して消息を絶ったのに対し、黒田は結婚後も選手を続け、１９６４（昭和39）年に女子競輪が廃止されるまで活躍した。

次が渋谷小夜子（神奈川）・田中和子（奈良）時代である。渋谷は16歳でデビュー、18歳で女王となる。おさげ髪が愛くるしい、と紹介された『産経新聞』に〈一家の重荷を乗せて／優勝すること156回〉とある（52年11月6日付）。

何が一家の重荷か、というと「再婚した母親と義父、それに義母姉妹の5人の生活を支え」、競輪選手になったのも「生活のため、ケイザイからなんです」と答えている。

敗戦直後。日本の家庭はどこも貧しかった。現在の少子化と違って子沢山。女の子は、中卒で就職するのが普通だった。渋谷も神奈川県立藤沢高女を中退して選手になった。

52年春に渋谷を破って女王になったのが田中和子だ。ティーンエージャーがナンバーワンの座を占め続ける。「愛らしきおかめちゃん」は、『月刊競輪ダービー』に紹介されたときの見出しである。渋谷に追いつけ、追い越せで実力をつけた。落車したときを除いてすべて1着でゴールした年もあるとか。先行型で〈打鐘のあとトップに立つと他の選手は、もうどうしようもなかった〉と『競輪五十年史』にある。

田中は結婚後も、54年に女王に返り咲くと、翌55年には、ダービーとともに高松宮同妃賜杯、全国都道府県選抜、小倉競輪祭を制し、女子では初めて「全冠制覇」を成し遂げ、61年に引退した。

1952年秋の第7回ダービーで渋谷、田中を破って優勝したのは、25歳の水野信子（愛知）。3年後の55年、結婚して引退した。翌53年は有江美和子（19歳、長崎）が制覇。有江もそれを花道に結婚後、引退。

女子ダービーは56年を最後に廃止となったが、最後の女王になったのは、21歳の畑田美千代（京都）だった。畑田は渋谷が引退した53年にデビュー、田中の一人舞台になっていた女子競輪界に新風を吹き込んだ。その畑田も結婚して引退する。

女子ダービーは、結局8年にわたり10回行われただけで消えた。同時に女子レースが年々減って、ついに女子競輪そのものが廃止された。

なぜか。前述のように、車券に妙味がないからだった。実力に差があり過ぎ、ゴール前で遮二無二突っ込んでくる選手があまり見られない。番狂わせが少なく、強い選手が順当に勝ってしまうのだ。

〈エロ味たっぷりの女子レースも結構だが、ファンはやはり添物としか感じないで、本気について来ない。車券も売行きはガタリと落ちる〉

これは競輪が始まって1年を総括した『週刊朝日』（1949年11月27日号）の記事であ

る。〈トバク全盛時代に人気を呼び、どこの競輪場も割れるような盛況〉とうたっているにもかかわらず、女子競輪については「？」をつけている。

その5年後の『スポーツニッポン』紙に、こんな特集が載った。〈嫌われる女子競輪選手〉〈迫力欠き興味薄らぐ／車券の売上げも減退一方〉（54年2月23日付）。

そして64年9月8日、名古屋競輪で最後の女子レースが行われ、その年の10月31日付で登録選手２２９人全員を消除した。

この時、全選手に退職金が支払われた。山口県防府市の石田恵美子（旧姓大和）は「１人１００万円もらいました」と証言したが、一緒にいた内田末子（旧姓石川）は「私は90万円しか貰わなかったわ」と反論した。どうやら選手の稼働年数により金額が違ったようだ。

女子競輪が廃止された64年は東京五輪が開かれ、東海道新幹線が開通した年である。東京―新大阪間がひかりで２４８０円（現在「のぞみ」普通車指定席で1万４７２０円）だった。

新しいゲーム、新しい魅力

ガールズケイリンが復活を果たしたのは２０１２年7月のことだった。

小学校教諭や元モデル、女子ソフトボール選手など、様々な経歴をもった1期生33名が日本競輪学校（当時）を卒業。夏の平塚競輪場で華々しいデビューを飾った。美しさとパワーの両方を兼ね備えた、プロの女性アスリートが誕生したことで、競輪文化はより成熟したと言えるだろう。

当初は冷ややかな視線を向けられることも多かったが、年を重ねるごとにガールズケイリンの魅力がファンに浸透。競輪場で歓声が沸くばかりか、今では選手出入り口で出待ちをする追っかけファンもいるくらいだ。

ガールズケイリンの魅力は、何と言ってもその華やかさにある。カラフルなユニフォームを身にまとい、カラーリングされた自転車に乗りこむ。ガールズの自転車はオリンピックなど国際大会で使用されるカーボン製のフレーム仕様で、後輪にはディスクホイール（円盤状の車輪）が採用されている。とにかく目立つ車体だ。7車立てが基本で、選手のユニフォームとヘルメットは車番ごとに色分けされているため、選手の個性も見えやすい。

以前、7人制のガールズケイリンをナイターで観戦したとき、照明のカクテル光線が自転車のフレームに反射して、疾走する7台の自転車が七色の虹のようにも見えた。

ガールズのユニフォームはとりわけデザイン性が高く、華やかな競輪場はまさに、視覚

	選手名	登録地	年齢
1	児玉碧衣	福岡	24
2	小林優香	福岡	25
3	高木真備	東京	25
4	石井寛子	東京	33
5	山原さくら	高知	27
6	石井貴子	千葉	29
7	太田りゆ	埼玉	25
8	梶田舞	栃木	32
9	石井貴子	東京	31
10	奥井迪	東京	38

※年齢は2019.12.31現在

2019年人気ランキングベスト10
(「ガールズケイリンコレクション2019」ファン投票結果)

も楽しませてくれる。アイドルに送られるような声援もそこでは聞こえてきた。

また、男子の競輪と違い、ガールズではライン戦になりにくいため、実力差が顕著になるレースが多い。個々の争いになるから勝敗の予想はより簡単だと言われているが、これが諸刃の剣となった。前にも述べたように、そもそも1964年の名古屋競輪を最後に女子競輪が姿を消したのは、選手間の実力差が大きかったのが原因だと言われている。強い選手がつねに勝つため配当が低く、車券の対象としてファンが興味を失ってしまったのだ。

ゆえにガールズケイリンも当初はそのことが不安視されていたが、毎年のように賞金女王が入れ替わる状況を見ていると、それは杞憂に終わったと言えるだろう。

ガールズケイリンにも特別なレースがあり、選手はみな、年末に開催される「ガールズグランプリ」への出場を目指す。選抜された成績上位者7名によるレースで、1位の賞金は1000万円。その年の女王が決定するレースだけに、ファンの関心も高い。

2018年にこのグランプリを制した児玉碧衣《あおい》（福岡）は、その年に2700万円以上を稼ぎ、続く2019年もグランプリに優勝して2800万円以上を獲得した。

獲得賞金額累計で女子選手として初めて1億円に到達した、石井寛子（東京）のような女王の名にふさわしい選手も出てきている。

脚力に自信のある女性アスリートにとって、ガールズケイリンはまさに夢の舞台と言えるだろう。まだ歴史の浅い競技だけに、スターの原石が眠っている可能性は高い。

ガールズケイリンのスーパースターたち

ガールズケイリンが誕生して8年、33人でスタートした選手たちは、今や4倍の136人（2019年）にまで増えて、単独のレースが組めるまでになった。それだけに、スターの座を目指す戦いは熾烈だ。

小林優香

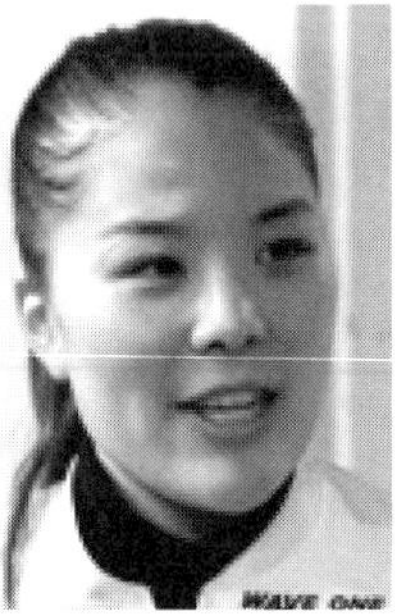

１９９４年１月18日生まれ　２０１４年デビュー　賞金女王１回
ガールズグランプリ（以下グランプリ）優勝１回
ガールズケイリンコレクション（以下コレクション）優勝６回
ガールズケイリンフェスティバル（以下フェスティバル）優勝３回

ガールズの中にも、東京五輪の期待の星がいる。

小林優香、25歳。

２０１９年１月、小林はアジア選手権の女子ケイリン種目に出場し、日本女子として15年振りの金メダルに輝いた。

１メートル64センチの恵まれた体型を生かし、得意のロングスプリントでライバルを振り切る。本職の競輪でも、デビューから22連勝の新記録を含め、これまで２１４戦して１９２勝（２０１９年12月時点）と、群を抜く勝ちっぷりを見せている。

彼女の強さの源は、いったいどこにあるのだろう。

ガールズには他のスポーツからの転向組が多いが、小林もその１人である。母親が元実業団選手で、小さいころからバレーボールに打ち込んできた。抜群の跳躍力を生かし、必由館高校（熊本）ではインターハイにも出場している。だが、バレーでさらに上を目指すには身長が物足りず、たまたまテレビで見た、ロンドンオリンピックの男子チームスプリントに感化され、自ら競輪学校（当時）の門を叩いた。

在校時に女子生徒として初めてゴールデンキャップ（最優秀の評価）を獲得するなど、自転車適性は高い。１０００メートルタイムトライアルなど、３つの学校記録を持っている。運命の歯車が動いたと感じたのは、在校中に２０２０年の五輪開催が東京に決まったことだった。

「自転車で私は、東京に出る！」

不完全燃焼で終えたバレーの埋《うず》み火が、競技を自転車に変えたことでまた闘志の炎となって赤々と燃え始めた。

今、小林はナショナルチーム強化指定選手の指名を受けて、競輪からケイリンへと軸足を移している。

ナショナルチームの練習は厳しく、小林はよくコーチのブノワに泣かされているという。それでもめげずに、歯を食いしばれるところが彼女の強さなのだろう。およそ1年で、83キロあった体重をベストと思われる65キロにまで落とした。技術面でも進歩が見られ、「ダッシュが苦手ではなくなった」と小林は笑顔を見せる。

東京五輪での目標は、志高く「金メダル！」。誰よりも高く、遠くまで跳ぶつもりだ。

石井寛子

1986年1月9日生まれ　2013年デビュー　賞金女王1回
グランプリ優勝1回　コレクション優勝2回　フェスティバル優勝1回

立ちはだかる、大きな壁。

頂点を目指すガールズたちにとって、石井寛子はそのような存在に喩えられるだろう。競輪学校（当時）を卒業した、2期生18人の内の1人であり、杉戸農業高校（埼玉）時代から自転車競技で活躍していた本格派だ。大学卒業と同時に競技を引退する者は多いが、石井はまだガールズケイリンが存在しない頃から実業団に所属し、競技を続けてきた。女子選手の日陰時代をよく知る苦労人でもある。

プロデビューは２０１３年。デビュー戦で初勝利を挙げた。水を得た魚のようにその後も勝ち続け、ガールズケイリン史上初となるデビュー9戦無敗の記録を達成。デビュー年に特別企画レースの「ガールズケイリンコレクション」京王閣ステージも制した。

幅広い経験を武器に、２０１７年には賞金女王に。選手デビューから6年連続で、その年のナンバー1を決める「ガールズグランプリ」に出場している選手は他にいない。

プロ意識も高く、ネイルに髪のブリーチ、完璧なメイクと、つねにファンから見られることを意識している。「京王閣の小悪魔」（石井のホームバンクは東京調布の京王閣競輪場）の異名は、魅せることも仕事のひとつであるガールズにとっては最高の褒め言葉だろう。

競輪選手になる前、石井はロンドン五輪の出場を目指したが、その夢は果たせなかった。

後ろ髪を引かれる思いもあったというが、今はそうした未練も断ち切っている。

２０１９年２月には、奥井迪《ふみ》（東京）に次いでガールズ２人目となる通算３００勝を達成。同年８月にはガールズ初となる通算獲得賞金額１億円を突破した。まだ実働６年余りだが、第一人者の風格が漂う。新人ガールズたちの前に立ちはだかる壁は高くて、分厚い。

児玉碧衣

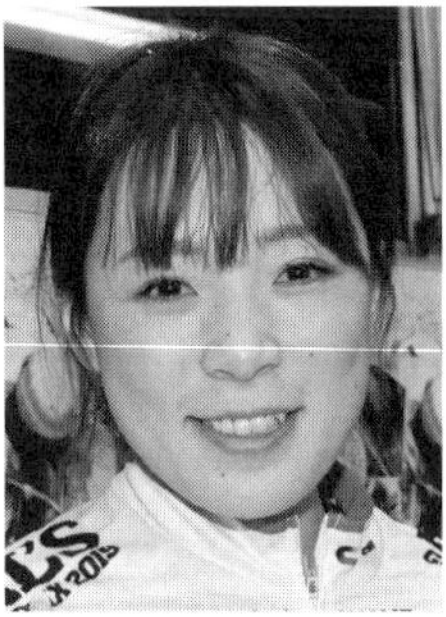

1995年5月8日生まれ　2015年デビュー　賞金女王2回
グランプリ優勝2回　コレクション優勝2回

ファン投票で3年連続の第1位。ガールズの中でひときわ高い人気を誇るのが児玉碧衣である。1メートル68センチの長身を生かしたダイナミックな走りが持ち味だ。

興味深いのは、児玉も小林同様、小中高とバレーボールに打ち込んできたことだ。小中では、勉強するよりは体を動かしていた方が楽しいからと選んだバレーだったが、推薦で入学した筑陽学園高校（福岡）は、強豪揃いの九州地区でもベスト４に入る名門校、想像を超えた厳しい練習に明け暮れた。抜きんでた集中力やオンとオフの合理的な使い分けはその時代に培われたものだ。

　団体戦のバレーより、個人戦の競輪の方が向いていると、児玉はいう。練習のメニューやスケジュールからプライベートタイムまで、全てが自分のペースでできるからだと。

　彼女が競輪を「天職」と言い切るのには、こんな理由がある。

　大学に進んでバレーボールを続ける意思はなく、将来について模索している時に、母親からガールズケイリンが始まることを聞かされた。

　試しにネットでガールズケイリンを検索すると、見た目も華やかで格好良い。体を動かすのが好きな自分に合っていると思い、競輪学校（当時）に入ることを決断する。在校時に１０００メートルのタイムトライアルでトップクラスのタイムを叩き出すなど、すぐに才能が開花した。

　プロデビューは２０１５年の７月。当初は伸び悩んだものの、人気は少しずつ高まり、競輪場の選手出入り口に「出待ちファン」がつくほどになった。そんなファンの声援が後押しになったのだろう。徐々にプロ意識が芽生えると、レース内容にも変化が見られるようになった。

転機になったのは、２０１８年の「ガールズドリームレース」。自慢のトップスピードに冴えを見せ、中団からの一気の捲りですべての先輩レーサーを置き去りにした。これまで2着が最高だった特別レースでついに初優勝。ファン投票1位に、最大の結果で応えた。

勢いに乗った児玉は、その年の「ガールズグランプリ２０１８」、２０１９年の「ガールズケイリンコレクション」(年2回開催)松戸ステージに加えて、年末の「ガールズグランプリ２０１９」でも優勝。「ガールズグランプリ」の2年連続優勝は、史上初の快挙だった。今ではもう強さの底が見えないような状況になりつつある。

「自分の好きな事をしてお金を稼げるっていうのは本当に素晴らしい。天職にめぐりあわせてくれた母親に感謝です」

そう話す児玉の目標は、ガールズケイリンをもっとメジャーな競技にすること。スポーツ界からだけでなく様々な経歴を持つ人たちにもチャレンジして欲しいともいう。

スター性が光る彼女から、目が離せない。

進化する競輪

〈競輪は、進化するスポーツだ。〉

このフレーズは、競輪の魅力を伝えるために制作された2019年度のCMのキャッチコピーだが、実際に競輪の遊び方はつねに進化してきている。

毎年、競輪場に足を運んでいるファンならば、ユニフォームの変化や、バンクのカラー化、映像装置を使った演出の変化などに気づいているのではないだろうか。

近年はインターネット投票が導入され、パソコンやスマホでいつでも車券を買える時代になった。また、通勤時や夕食後に競輪を楽しみたいというニーズに応えるため、最近ではモーニング競輪、ミッドナイト競輪を実施する競輪場も増えている。モーニングは朝9時から14時半ごろまで、ミッドナイトはナイター競輪（20時台に終了）よりも遅い夜21時から23時半までの時間帯で、後者は無観客でレースが行われる。

ミッドナイト競輪は、9車立てよりも予想しやすい7車立てを基本としており、場内での車券販売はない。ネット購入のみに絞ることで、主催者側にも人件費削減というメリットがあるため、この時間帯のレースは今後も増えていくだろう。

ライトアップされた競輪場には独特の雰囲気があり、日本三大夜景で有名な函館や、工場夜景で有名な四日市など、ナイター競輪を楽しめる競輪場も増加傾向にある。仕事帰りに同僚を誘って、ビール片手に白熱のレースを観戦。そんな大人のデートがじわりと人気を集めているのかもしれない。

また、競輪の国際化が進んでいるのも、最近の変化といえる。

２０１９年度は男子７名、女子４名の外国人選手が来日し、ＦⅠおよびＦⅡクラスのレースに参戦した。そのうち男子３選手は「国際自転車トラック競技支援競輪」（ＧⅢ開催）にも出場。オリンピック経験者を含む各国の代表選手が、日本のトップ選手と激しいレースを繰り広げた。

ファンにとってはひと味違った雰囲気のレースが楽しめ、選手側にとっても実力を確認する良い機会となったはずだ。

東京オリンピックでメダルの獲得が期待されるケイリン。五輪種目のケイリンをいつでも楽しめるように、インターナショナルスタイルの競輪の実施に向け、新たに動き出しているプロジェクトがある。

日本発祥のオリジナルの競輪と、インターナショナルなケイリンには異なる基準がある。

その最たるものがバンクの周長だ。日本の競輪場の周長は333メートル、400メートル、500メートルの3種類。いわゆる世界選手権やオリンピックなど、国際大会のスタンダードなトラックの周長は250メートル、走路は板張りで、競技場は屋内型のため、従来の日本の競輪場では国際標準のレースの開催は難しい。

さらに使用自転車にも違いがあり、日本の競輪がクロモリフレームとスポーク車輪の組み合わせであるのに対し、国際的な競技大会で使用される自転車はカーボン製のフレームにディスクホイールという組み合わせ。ルールも競輪で一般的な9車立てではなく、6車立てとなるため、より個々の対戦要素が強まる。つまり、ラインによる駆け引きではなく、点と点の争いが勝敗を分けることになり、その違いが日本の競輪選手が国際大会で長く苦戦する要因にもなってきた。

競輪とケイリン。そのどちらもが国内で楽しめるようになれば、ファンと選手、双方にとってメリットが大きいだろう。

そのため現在、国際ルールに準拠した競輪をいつでも楽しめるようにと、千葉に250メートルバンクを建設中だ。

国内にはすでに、２５０メートルバンクは２つある。東京オリンピック・パラリンピックで自転車トラック競技の会場となる「伊豆ベロドローム」と、世界で活躍する選手の育成を目的として日本競輪選手養成所に造られた「ＪＫＡ２５０」だ。しかし、いずれも競輪場ではない。千葉の２５０メートルバンクは競輪場としては新規格となり、完成したら「２５０ＫＥＩＲＩＮ（仮称）」という、これまでになかったタイプの競輪場が誕生する予定である。

現在、競輪選手養成所に通う候補生や現役の競輪選手が「ＪＫＡ２５０」で練習を積んでいて、準備もバッチリ。そこに日本のナショナルメンバーが加わり、外国人短期登録選手が参戦すれば、オリンピックさながらの熱いバトルがいつでも国内で観られるようになる。

自転車の本場ヨーロッパには「６日間レース」という人気のトラックレースがあるが、関係者は「２５０ＫＥＩＲＩＮ（仮称）」を新たな競輪ファン獲得の起爆剤にしたいと意気込んでいる。どんな洒落《しゃれ》た空間ができあがるのか、２０２１年新緑の頃の完成が待たれる。

屋内施設だからこそできるエンターテインメント性を追求していけば、きっと今以上の競輪文化が花開くだろう。次世代のスーパースターは、この真新しい２５０メートルバンクから生まれるのかもしれない。

競輪文学散歩❼　未来の「森」へ

茨城県の取手競輪場で、華やかな「ガールズケイリン」の熱闘を観戦しながらぼくは、49歳で惜しくも死去した女流作家、干刈あがた（１９４３〜92）の秀作『ゆっくり東京女子マラソン』（朝日文庫）を思い出していた。

小学校のＰＴＡ役員として知り合った母親たちが、家庭や学校の問題に翻弄されるなかで、女子マラソンでひたむきに走る選手たちに想いを託す場面に感動した。テレビ中継を観ながら母親は息子の健一に語りかける。

「健一もこれから女を愛するようになる男なのよ。ほら、足を踏み出すたびにふくらはぎがギュっと緊ってまたゆるむ。今、彼女の肉体が解放されているのよ。彼女は自分のためだけに走っているんじゃないわ。見ている女たちぜんぶを解放するために走っているのよ。女の底力の強さ、美しさをよくみて」

ぼくはこの言葉を、ガールズケイリンの女子選手たちみんなに贈りたいと思った。

激しく疾走する女子選手たちの姿は、女子マラソンの選手たちの姿にそのまま重なっ

てゆくのである。これだけで、はや「ガールズケイリン文学」の始まりではないか。

「ガールズケイリン」の開始のあと、2015年に伊勢華子著『健脚商売』（中央公論新社）が「競輪文学」の森に加わった。副題に「競輪学校女子一期生24時」とあるように、ほとんどトップを切っての「ガールズケイリン文学」である。

競技を終えた選手に会わせてもらった。ドンドン元気になっている女性たちの先頭を走っているわけですよね？　と「酔眼耄碌翁」が問いかけると「意識はしていないけれど、男性のみの世界に女性が進出していっていることは感じています」という答えだ。

「父が競輪選手だった。父が賭けの対象になっているというのがイヤだったけれど、仕事として見ていると次第に面白い、と思えるようになった」

彼女たちのハキハキした答えに、競輪というスポーツの場で働いているという明確な意思を強く感じた。

「競輪が変わってゆく姿自体、社会の変化の表れ」（前掲『競輪文化』）なのである。

「ガールズケイリン」を、スポーツで働く女性の象徴と考えれば、「競輪文学」の幅は、紆余曲折はあれ広がってゆくだろう。

「酔眼耄碌翁」の「競輪文学散歩」は、こうして未来の「競輪文学」の森へと分け入って行くのである。

第8章　競輪と補助事業

公益性を支える人々

さて、競輪が始まった経緯については、第5章の「競輪ことはじめ」で、すでに触れた。敗戦から3年、財政難に悩む地方自治体にとって、競輪は「宝の山」であり「救いの神」だった。初めて開催された小倉競輪は、小倉市に収益をもたらし、以後一気に競輪は全国に広まる。

だが、刑法には「賭博罪」というものがあり、競輪は少なくとも形の上でそれに該当することは否定しがたい。にもかかわらず競輪の存在がずっと許されてきたのは、なぜだろうか。それは、違法性をなくす特別法、「自転車競技法」があるからだ。

ＪＫＡの第2代会長・石黒克巳は、競輪の補助事業を紹介する「ＲＩＮＧ！ＲＩＮＧ！プロジェクト」のパンフレットに、「自転車競技法」の趣旨に関して、次のような一文を寄せている。

〈……（賭博罪に該当する競輪が）社会的に許されるのは、（中略）自転車競技法が「自転車その他の機械の改良（中略）並びに体育事業その他の公益の増進を目的とする事業の振興に寄与するとともに、地方財政の健全化を図る」という目的のためなら、自転車競走＝競輪を実施してよいと定めているからです。要は補助事業によって社会的に貢献すること、地方財政に寄与することを条件に、本質的には賭博である競輪の違法性がなくなるということなのです。

　このことからすれば補助事業とは、競輪の社会的正当性を担保するものであり、競輪に付随して行われる「付録」ではなく、競輪の「命」そのものなのだと思います〉

　賭け事は良いか悪いか、必要悪か、さまざまな議論はあるだろうが、競輪の合法性という問題への回答は、これに尽きる。同じように、さまざまなかたちでの社会貢献や補助事業を理由に、日本ではＪＲＡの中央競馬、地方競馬、ボートレース、オートレースなどの公営競技が、法律により許容されている。

　競輪は、地方財政への貢献と補助事業によって、法律的には明瞭に容認されているのだ。裏返せば、地方財政に貢献できず補助事業も減少したら、合法性の根拠が揺らぐということでもある。競輪事業の関係者には、いつも売上と収益をあげるプレッシャーがかかっている。

目標は７０００億円

競輪事業の売上は、１９９１年度の約１兆９５５０億円をピークに減少をはじめ、２０１３年度には６０６３億円まで下がった。売上が下がった理由は、ファンの高齢化とレジャーの多様化と分析されているが、その後やや持ち直し、２０１９年度は約６６０５億円となっている。ここ数年の売上増加の主因は、ミッドナイト競輪の成功をはじめとするインターネット発売の増加とみられている。売上の75％は、車券的中者へ払い戻される。残る25％から選手の賞金、競輪場の人件費や運営費用、補助事業の基礎となるＪＫＡへの交付金などをのぞいたものが競輪の施行者（主催者）である地方自治体の財政への貢献となる。

競輪事業の監督官庁である経済産業省の産業構造審議会は２０１８年3月のとりまとめで、43競輪場の施行者の収支状況が、売上の回復と様々なリストラで改善し、２０１６年度に黒字になった状況を〈大変喜ばしい〉と評価しつつ、〈売上・収益が回復し、施行者をはじめとする競輪関係者のマインドが改善している現状でなければ、競輪事業の持続的発展に向けた取組・改革は困難である〉としている。売上・収益が回復傾向にある今のうちに、さまざまな問題点を克服しないと、将来の展望がないという指摘だ。その上で、中期基本方針として、２０２０年度に売上７０００億円以上、施行者収益１６０億円以上、競輪場43ヵ所体制の維持、競輪選手２４００名程度の維持を掲げている。

地方分権の申し子

　競輪は、成り立ちからして、地方分権の申し子だ。１９４８年、地方分権を進めるＧＨＱの下で、財政を支援するために、地方自治体が施行者となり、地域ごとに自転車振興会を設立し実務を行った。その後自転車振興会は全国的に統合し、今のＪＫＡにつながる流れとなるが、施行者は地方自治体という原則は残った。現在全国に競輪場は43場あるが、施行者の自治体は54である。その自治体とＪＫＡ、さらには日本競輪選手会や、競輪場の運営を受託したりしている民間関連会社、それらの利害関係者の協議と調整の上に競輪という事業は成立している。

自転車産業振興が端緒

競輪の「命」ともされる補助事業とは、つまるところなんなのだろうか。その、一側面を描いたテレビドラマがあった。

2009年TBS制作の「官僚たちの夏」（原作・城山三郎）。第5話の「電算機を救え」に、黎明期の日本の電子計算機業界を救った競輪補助金の話が出てくる。時は昭和35年、まだコンピュータという言葉も耳慣れない頃だった。アメリカの巨大メーカーが日本進出をもくろむ情勢の中で、通商産業省（現・経済産業省）の肝いりでコンピュータ産業に業種転換した無線会社は、銀行に将来性を疑われ、開発資金の手当てに苦戦していた。応援のため銀行に出資を口説いて回ってもはかばかしい答えを得られず、通産省の官僚たちは、居酒屋でやけ酒を飲んでいる。と、そこへふらりとやってきたのは、競輪帰りと思しき一人の中年客。「予想は完璧だったけど、金が尽きて勝負ができねえ……親爺、今日はつけだ……自転車生産業界にたっぷり寄付してきたんだから……」と店主に掛け合う。その会話を耳にした官僚は競輪の売上を、自転車業界だけでなく、電算機開発に回すことを思いつく。競輪は通産省の管轄。この計画は実現し、日本の電算機業界が息を吹き返す。

これはドラマだが、ＪＫＡの元職員は、昭和30年代に、現実に電算機業界に、補助金を出したことを記憶している。競輪の売上は、巨大な米企業に対して、黎明期の日本電算機業界の「将来性」を支える、資金源だった。

では、やや煩雑になるが、補助事業の発足以来の歴史をたどってみよう。

１９４８年に競輪を施行するため、初めて制定された自転車競技法には〈自転車の改良増産、輸出の増加、国内需要の充足に寄与すると共に、地方財政の増収を図る〉とあった。各種産業が壊滅状態だった戦後のこの時期、中小企業を中心にした自転車産業の振興が、競輪実施の大きな目的だった。

１９４８年度から53年度までは自転車競技法に基づき、売上金の１００分の４を国庫に納め、それを政府予算として自転車産業振興に振り向けた。

内容は輸出の振興や生産技術の向上と品質改善、中小企業の合理化指導など。必ずしも業界各社に直接的に使われるのではなく、海外向け英文カタログ製作費や性能研究費など１社、２社ではできない事業を賄《まかな》ったという（『競輪十年史』）。

戦前の最盛期の５分の１程度しか生産能力のなかった戦争直後の自転車業界は、１９５３年には最盛期の25％増の生産を達成、価格も安定し、耐用年数も伸び、輸出も増加した。

機械工業・五輪支援・がん検診車

　自転車産業の復活を受けて、１９５４年の臨時特例法で〈中小機械工業の設備の近代化、機械の生産技術の向上、機械輸出の増進その他機械工業の振興を図るため〉と、機械工業全般の振興へと競輪の目的が広げられた。補助の原資は国庫への納付から商工組合中央金庫に委託して事業が行われるようになる。

　さらに１９５７年の自転車競技法改正で、日本自転車振興会（後のＪＫＡ）が成立し、補助事業を直接主管するようになった。また、改正の際、衆議院商工委員会では「売り上げの１００分の１に相当する金額を社会福祉と公共施設のために支出するよう」、参議院商工委員会では「収益については、癌、結核対策等の保健衛生、福利厚生又はスポーツ振興等にも直接にこれを充当する途を開くこと」との附帯決議が行われた。

　この附帯決議を実践するため、１９６２年まで目的を明示した特別競輪を開催し、各種社会福祉事業、スポーツ、オリンピック選手派遣費などを後援した。実は、すでに１９５１年のアジア競技大会、52年のヘルシンキ・オリンピック競技大会に、日本体育協会の要請により選手派遣費を補助（『競輪四十年史』日本自転車振興会）していた。それ以降、オ

福山市医師会検診車

リンピックへの選手派遣費の大半を競輪から補助するのがしばらくの間、恒例となっていた。

1962年の改正では、公営競技調査会の答申を受けて、自転車競技法の目的について〈自転車その他の機械の改良及び輸出の振興、機械工業の合理化並びに体育事業その他の公益の増進を目的とする事業の振興に寄与するとともに、地方財政の健全化を図るため〉と明記された。ここで初めて機械の世界を超えて「公益の増進」という言葉が現れる。

同時に、競輪施行者から日本自転車振興会に交付される補助の原資は、それまでの機械振興関係が一号交付金、新しい公益振興関係が二号交付金と命名され、車券の売上から一定の率で拠出するよう制定された。二号交付金による事業内容は、体育の振興、社会福祉の増進、医療及び公衆衛生の向上、文教その他の公益の増進の4項目に分かれていた。

スタートから数年間、福祉関係では保育所の育成補助が中心だったが、昭和の末年ごろからは社会の高齢化や核家族化を反映して特別養護老人ホームの整備に対する補助に重点が移ってきた。医療では、１９５７年の衆参両院附帯決議に従って結核予防のレントゲン検診車の補助が行われていたが、しだいにがん検診車などをはじめとする成人病対策へと舵が切られていった（『競輪四十年史』）。検診車については、２０１９年度までに、累計１２６７件、総額３８０億円余の補助が行われた。

昭和40年代から社会的な問題になっていたのが、国鉄（当時）・私鉄駅周辺の放置自転車だった。全国で１００万台と言われた放置自転車を収容するため、公共施設としての自転車駐輪場の整備が、１９７４年の道路法施行令の一部改正により推進されるようになった。日本自転車振興会は、各種団体への補助を通じて駐輪場整備を支援し、現在に至るまで継続している。

時代を映して

補助事業は、時代と社会を映す鏡だ。その時々の社会が何を必要としているかによって、内容は次々に変わってきた。

機械振興の補助事業は、機械工業の技術向上、合理化、国際交流の推進を対象としていたが、昭和の後期から平成にかけては、先端的分野、ことに情報産業への補助額が増大する傾向を示した。

　また、産業の地域分散と地方の工業発展のため、都道府県の公設試験研究機関などへの補助にも力を入れてきた。例えば年間を通じて乾燥した気候と潮風を受けない風土条件が精密機械工業に適した長野県では、精密工業試験場を補助し、受託研究、人材育成、最新鋭機器を使った精密測定などで県内５００社に及ぶ企業群を支えてきた（『競輪四十年史』）。

「あしながおじさん」から透明性へ

　ＪＫＡの補助事業担当者は、これまでの補助事業について「基本的にこっそり『あしながおじさん』的に社会のお役に立てればよい、という姿勢でした。補助をしてもＰＲはあまりしていませんでした。２００９年からの『行政刷新会議』による事業仕分けを境に近年の企業のＣＳＲ（企業の社会的責任）活動も参考にしながら、今は積極的にＰＲし競輪の社会的価値を高めてゆこうという方向に変化しました」という。

　２０１４年度から19年度までの、年度別の補助金内定額は表の通りだ。

　大幅な物価の変動があるので、累計額にどれほどの意味があるかは定かでないが、ともかく競輪が行われた70年間の補助額累計は売上が好調だった時代も合わせ、２兆円を超え

年　度	機械振興事業	公益事業振興事業	計
2014年度	15億1029万円	29億6449万円	44億7478万円
2015年度	16億6919万円	29億9991万円	46億6911万円
2016年度	16億3345万円	27億9500万円	44億2845万円
2017年度	19億4885万円	27億9798万円	47億4683万円
2018年度	21億9690万円	26億5488万円	48億5177万円
2019年度	23億9305万円	27億4015万円	51億3320万円

ＪＫＡの補助事業（金額）

るスケールになることは間違いない。だが、これらの補助は、基本的にギャンブルから生み出された日陰の存在として、積極的には社会的にＰＲされない「あしながおじさん」的仕組みで進められてきた。これに対し、２００９年からの民主党政権による事業仕分けは、「お客様からお預かりし、社会貢献を付託されている原資」の活用について、より一層の透明性・公平性を求めた。それまでも行ってきたことではあったが、あらかじめその年度の補助方針を公表し、補助先の審査の要件をより明確化し、補助率を事前に決定し、上限額を定め、それまでと比べ小口の補助を始めた。ひとつひとつの補助案件を、十数人いる外部有識者の補助事業審査・評価委員会委員が、主査と副査に分かれてダブルチェックする。事後には、補助を受けた側が二度にわたって自己評価を行う。

　このようにしてメニュー作りに外部のまなざしを導入し、補助する側の独りよがりにならない、社会環境の変化に対応した仕組みを作ると同時に、補助事業は競輪の事業価値を高める業務と見なされるようになった。それは、ギャンブルから生じた補助事業の歴史上、かなり大きな意識改革ではあった。

補助事業の現場

　では、実際の補助事業はどんな段取りで進んでいるのだろうか。

　ＪＫＡの場合、原資は自転車競技法により売上から一定の割合が決められており、２０１９年度に採択された事業の補助金総額は51億円余となる。自転車競技法や関連規定に基づき、年度ごとに改定される補助方針により、重点目標が明示される。２０１９年度でいえば、〈自転車活用推進計画の閣議決定やギャンブル等依存症対策への社会的な要請……東京オリンピック・パラリンピック開催による国民のスポーツへの意識の高まり及びスポーツ界が抱える諸問題〉への対応などが重点目標。それらを踏まえて、社会的課題の解決を目指す事業を支援することが謳《うた》われている。

事業の内容は、具体的には機械関係と公益関係とに大別される。機械関係には、自転車、モーターサイクル、パラスポーツへの貢献支援、防災・減災、国際競争力強化のための標準化の推進、公設工業試験研究所等の設備拡充、ものづくり支援、省エネルギー、医療機器などの開発事業や研究などが、補助を受けられる事業として挙げられている。公益関係には、自転車、モーターサイクル、スポーツ、パラスポーツ、国際交流や文化・教育、さまざまな社会福祉の増進、復興支援などがある。

これらの事業を行おうとする主体は、財団法人、社団法人、ＮＰＯ法人、社会福祉法人、商工会、大学等研究機関、小中高等学校など。事業主体は、事業計画を作成し、手続きに従って補助を申請する。申請は、数次にわたる審査・評価委員会を経て承認されれば、事業実施後に補助金が支払われる。つまり、事業主体は法人格を持った組織で社会的な信頼性を持ち、しかも一定の自己資金を持っていることが求められる。

民間の試行を後押し

ＪＫＡの補助事業は、事業者からの申請に基づいて実施される。見方を変えれば、民間のアイデア、民間の革新的な試みに、日の目を見る機会が提供されている。

最近の事例をいくつか追ってみよう。例えば、「ゆうばり国際ファンタスティック映画祭」。夕張市の財政破綻のため中止になっていた地域の誇りの映画祭を、２００８年、ＮＰＯ法人「ゆうばりファンタ」を中心に民間の力で再開する際、企業からの協賛金に加えて、ＪＫＡの補助金が力になった。以来10年以上にわたって映画祭は続いており、国内とアジア圏の作品を中心としたコンペティションから、多くの新しい才能が見出された。商店の閉鎖やバスの便数減など生活インフラのレベル低下と人口減少に悩む地域の人々が、自発的にスタッフとなって、楽しみながら、支えるようになった。参加することによって地域の誇りと明日への希望を見出す、全国的にも珍しい地域振興イベントとして定着している。

映画祭では他にも、創造性溢れるアジアの映画作家などの作品を集めてコンペを行う「東京フィルメックス」を、長期にわたって補助している。

芸術分野では、毎年夏に長野県松本市で開かれてきた「サイトウ・キネン・フェスティバル松本」（現「セイジ・オザワ松本フェスティバル」）で、地域の小学生たちを招く「子どものための音楽会」を長年支援してきた。

また、劇団四季を中心にした生のミュージカルを全国の子どもたちに提供する一般財団法人舞台芸術センターの事業への補助は、35年間続き、「はだかの王様」や「人間になりたがった猫」など、数多くの名作子どもミュージカルが各地で鑑賞された。

子どもたちといえば、日本将棋連盟などが主催する「文部科学大臣杯　小・中学校将棋団体戦」。全国で同じ学校の将棋好きの生徒3人が集まれば参加できる団体戦で、将棋のすそ野を広げるのに、役立っている。これも30年以上、支援が続いている。

認定NPO法人「チャイルドライン支援センター」や認定NPO法人「難病のこども支援全国ネットワーク」への補助は、より直接的な子ども世界への働きかけといえる。

「チャイルドライン支援センター」は、18歳以下の子どもたちの気持ちを電話で聴く活動。行き所のない思いや悩みを受け止め、電話の中に心の居場所を作ることを目指す。受け止めた声からうかがわれる子どもたちの状況を社会に向けて発信することで、国連の「子どもの権利条約」にある「子どもの最善の利益」を目指している。

「難病のこども支援全国ネットワーク」は、重い障がいや辛い治療とともに暮らしている子どもや家族を対象に、だれでも参加できるキャンプを開催。地域の医療機関と連携して「安心と安全」を確保し、子どもの「友達作り」とともに、家族・医療・教育・福祉関係者のネットワークを広げてきた。

科学技術では、２０１７年度の一般財団法人ニューメディア開発協会による「医療保険資格確認用スマート端末の開発と実証」事業は、近い将来、医療機関の窓口や薬局等で広く利活用される可能性を持っているという。

非常災害時の日本赤十字社を通じた緊急援護も、重要事業の一つ。２０１９年度は、山形県沖の地震、九州南部の大雨、台風19号の際に、避難者のために、毛布３万４４７０枚、安眠セット７３５０セット、緊急セット９８２８セットを配布した。

自転車関係では、最近日本でも人気の出てきたロードレース大会「ジャパンカップ サイクルロードレース」「ツール・ド・北海道」「ツール・ド・フランス さいたまクリテリウム」などを補助している。

２０１５年度には、２０１６年のリオデジャネイロ・パラリンピックに向けて一般社団法人日本パラサイクリング連盟を補助し、自転車競技選手の藤田征樹の義足を、ペダリング軌跡の解析などを通じて改良した。

*

補助事業は、その原資となる車券の売上をあげる努力と、生かして使う民間の知恵があいまった時、まさに競輪の「命」というにふさわしい多様性を持ちうるといえよう。

おわりに

競輪――。

日本で生まれ、「ケイリン」としてオリンピック種目になっているにもかかわらず、一般には単にギャンブルの一つとしか思われていない。

例えばこんなことをご存知だろうか。

２０２１年の東京オリンピック・パラリンピックでは、男子は新田祐大（33歳）、脇本雄太（30歳）、女子は小林優香（25歳）選手ら、男女ともメダル獲得が確実視されている。彼らは全員、現役の競輪選手である。

自転車のトラック種目は、静岡県伊豆市の伊豆ベロドロームで行われる。１周は２５０メートル、最大傾斜角度（カント）は45度、国内初の木製の屋内バンクだ。近くに選手村の分村ができる。そのためか、選手村（村長は川淵三郎・元日本サッカー協会会長）の副村長の１人に日本競輪選手養成所所長の滝澤正光（59歳）が選ばれた。現役時代、一番風圧を受ける先行・逃げ切りに徹して他を圧倒し、「怪物」と呼ばれた元競輪選手である。

これらの情報は、残念ながら知る人は少ない。

そこで、日本でオリンピックが開催されることでもあるし、競輪を少しでも知っていただきたい、知っていると面白い『競輪という世界』を刊行することになったのである。

　作家で元ＮＨＫアナウンサーの下重暁子さんが、ＪＫＡの前身「日本自転車振興会」初の女性会長に就任したのは、イメージをソフトにとの意図もあったのだろう。手がけた主な仕事としてはガールズケイリンの復活などがある。広報誌『ぺだる』の創刊もそのひとつだ。競輪や自転車を文化の側面からとらえた編集で、春夏秋冬、年４回の季刊誌だった。イラストレーターの唐仁原《とうじんばら》教久《のりひさ》さんのメルヘンチックな表紙も好評だった。

　私はここで、競輪史のこぼれ話のような「競輪事始」という連載を、創刊号から最終号まで担当した。『ぺだる』は29回の発行でその使命を終えた。７年半続いたことになる。

　この新書のヒストリーの部分は『ぺだる』の連載「競輪事始」から抜粋して手を加えたものだ。エッセイ「競輪文学散歩」は轡田隆史さん、１・２章は小堀隆司さん、３・４章は小堀さんと堤、５・６章は堤、７章は小堀さんと堤、８章は藤原勇彦さんがそれぞれ執筆した。

　この本を編集中の２０２０年、突如、新型コロナウイルスが世界を襲った。

「コロナ禍」は競輪界にものしかかり、３月以降、ほとんどの競輪場（43場中、34場）が開催中止に追い込まれた。ＧⅠレースの日本選手権競輪さえもなくなって、売上の激減が予想された。実際、４、５月の売上は２０１９年と比べて約半分にまで落ち込んでしまったのである。

　ところが、車券をインターネットで購入する層が増大するという、思いがけない現象が起こった。人々が外出を控えたということもあるかもしれないが、通常の１レース９車立てを、７車立てに切り替えたことに起因するのではないか。選手たちの３密回避のためにとった窮余の策である。

ネット売上は右肩上がりに伸びただけでなく、新規会員も増えた。６月に入って全国で競輪が開催されると更に伸び、各月の総売上は６月が１０３・６％、７月が１２２・７％、８月は１１７・５％と前年度を上回った。７車立てのレースは、９車立てよりも当たりやすいと感じるのか、これ以降もインターネットでの購入は増え続けている。

これまで時代の流れに合わせ様々な挑戦を行ってきた競輪。「ｗｉｔｈコロナ」の時代に新しいステップへ進み始めているのかもしれない。

最後に、この本の出版にあたり、取材などで大変お世話になった「ミスター競輪」中野浩一さんをはじめ競輪選手の皆さん、ＪＫＡや各競輪場の職員の皆さん、そして寄せ集めの原稿を１冊の本に作り上げてくださった文春新書の前島篤志編集長、水上奥人次長、貴重な助言をいただいた『Ｎｕｍｂｅｒ』の宇賀康之編集長、涌井健策次長、本当にありがとうございました。

２０２０年11月

堤　哲

文春新書

1289

競《けい》輪《りん》という世《せ》界《かい》

2020年11月20日　第1刷発行

著　　者　轡田隆史　堤　哲
　　　　　藤原勇彦　小堀隆司

発 行 者　大　松　芳　男

発 行 所　株式会社　文　藝　春　秋

〒102-8008　東京都千代田区紀尾井町3-23
電話（03）3265-1211（代表）

印 刷 所　大 日 本 印 刷
製 本 所　大　口　製　本

定価はカバーに表示してあります。
万一、落丁・乱丁の場合は小社製作部宛お送り下さい。
送料小社負担でお取替え致します。

ISBN978-4-16-661289-5